D1574148

André Schulz
Die Geldlüge

André Schulz

Die Geldlüge

Wie die Finanzindustrie Sie heimlich
manipuliert, und wie Sie finanziell wirklich
unabhängig werden

ARISTON

Die Verlagsgruppe Random House weist ausdrücklich darauf hin,
dass im Text enthaltene externe Links vom Verlag nur bis zum Zeitpunkt
der Buchveröffentlichung eingesehen werden konnten.
Auf spätere Veränderungen hat der Verlag keinerlei Einfluss.
Eine Haftung des Verlags für externe Links ist stets ausgeschlossen.

Bibliografische Information der Deutschen Bibliothek

Die Deutsche Bibliothek verzeichnet diese Publikation in der Deutschen
Nationalbibliografie; detaillierte bibliografische Daten sind im Internet
unter http://dnb.ddb.de abrufbar.

MIX
Papier aus verantwortungsvollen Quellen
FSC® C014496

Verlagsgruppe Random House FSC® N001967

© 2016 Ariston Verlag in der Verlagsgruppe Random House GmbH,
Neumarkter Straße 28, 81673 München
Alle Rechte vorbehalten
Redaktion: Henning Thies
Illustrationen: Gino Faglioni/Das Illustrat
Umschlaggestaltung: Hauptmann und Kompanie Werbeagentur,
München – Zürich, nach einer Idee von André Schulz und Jennifer Möller
Satz: Satzwerk Huber, Germering
Druck und Bindung: GGP Media GmbH, Pößneck

Printed in Germany

ISBN: 978-3-424-20151-2

Inhalt

Woran dieses Buch glaubt! 9
Herzlich willkommen zu Ihrer eigenen
    Finanzrevolution! 10
Einleitung 13
Wir werden manipuliert und abgelenkt:
    von uns selbst! 15

Erster Teil:
Geld

Geld? Regiert die Welt! 21
Geld regiert die Wirtschaft 30
Geld regiert die Politik 32
Geld regiert die Nachrichten 34
Geld regiert die Gesundheitsbranche 36
Geld regiert die Nahrungsmittelindustrie 39
Geld regiert die Werbung 41
Geld regiert die Lebensweisheiten 43
Geld regiert die Finanzweisheiten 47
Geld regiert die Banken 50
Geld regiert die Finanzprodukte 54
Geld regiert die (Finanz-)Experten 57
Geld regiert die Finanzberater 62
Geld regiert uns (Finanz-)Kunden 67
Zeit für ein kurzes Fazit 70

Zweiter Teil:
Leben

Geld und unser Leben 79
Leben wir *unser* Leben oder eines, das wir uns
   leisten können? 81
»Geiz ist geil« war gestern. »Geist ist geil« ist heute! ... 83
Warum denken wir, was wir denken,
   und tun, was wir tun? 86
Die fünf wahren Schlüssel zur
finanziellen Unabhängigkeit 94
1. Leichtigkeit bedeutet: Wir sind frei vom Gedanken,
dass uns Geld automatisch glücklich macht 94
2. Einzigartigkeit bedeutet: Wir führen *unser* Leben
und wissen, was *uns* wichtig ist 100
3. Bewusstsein bedeutet: Wir treffen unsere
Entscheidungen wohlüberlegt 104
4. Eigenverantwortung bedeutet: Nur wir sorgen für
unser Leben(sglück) 109
5. Natürlichkeit bedeutet: Wir gestalten unser
Leben so oft wie möglich aus eigener Kraft 115
»Revolutionen«, die wir bereits gestartet haben 121
Wir sind bei der Nahrung unabhängig(er)
   geworden 121
Wir sind bei der Energieversorgung unabhängig(er)
   geworden 122
Wir sind von Ärzten unabhängig(er) geworden 122
Wir sind von Dienstleistungen unabhängig(er)
   geworden 123
Wir sind, indem wir uns selbst und andere
eigeninitiativ informieren, unabhängig(er)
   geworden 123

Dritter Teil:
Geld und Leben

So werden Sie finanziell wirklich unabhängig(er)!	129
Starten Sie Ihre neue Finanz-Realität.	132
Die sieben Lebensthemen: Ziele, Finanzprodukte und Alternativen.	137
1. Gesund und fit sein und bleiben	137
2. Eine glückliche Partnerschaft führen	151
3. Ein harmonisches Familienleben haben	162
4. Die Freizeit genießen	176
5. In einem schönen Zuhause leben	194
6. Beruflich erfüllt sein	209
7. Gut leben im Alter	220
(M)ein kleines Finanzprodukt-Fazit.	252
Ihr Geld und Ihr Leben im Einklang: die Zusammenfassung!.	253
Das Beste kommt …	256
Danke …	268

Woran dieses Buch glaubt!

Dieses Buch stellt die Geld- und Finanzwelt auf den Kopf. Machen Sie sich mit ihm vom Geldweg auf den Lebensweg:

1. Von der Geldabhängigkeit zur finanziellen Freiheit
Machen Sie Ihr Glück nicht abhängig vom Geld. *Werden Sie auf geldlose(re) Art wirklich finanziell unabhängig und frei.*
Fragen Sie nicht, wie viel Leben Sie sich mit Geld leisten können. *Fragen Sie lieber, wie Ihr Leben aussehen soll und was Sie zuerst mit persönlichen Aktivitäten selbst dafür tun können.*
Sammeln Sie Ihr Geld nicht sinnlos und rennen Sie Zinsen und Renditen nicht blind hinterher. *Tauschen Sie Ihr Geld lieber rechtzeitig ins Leben zurück und bringen Sie es sinnvoll in Einklang mit dem, was Ihnen wichtig ist.*

2. Von der Fremdbestimmung durch Finanzprodukte und »Experten« zum selbstbestimmten Leben
Lassen Sie sich von außen keine künstlichen Sorgen und Ängste einreden. *Bestimmen Sie selbst, was Sie bewegt.*
Folgen Sie nicht blind den »Empfehlungen« vermeintlicher Experten. *Bilden Sie sich Ihre eigene Meinung und entscheiden Sie bewusst im Sinne Ihres Lebens.*
Geben Sie nicht Teile Ihrer Lebensverantwortung unbewusst und unnötig an die Finanzindustrie ab. *Bleiben Sie selbst verantwortlich und behalten Sie Ihr Leben in der Hand.*

Warum entziehen Sie der Finanzwelt nicht einfach Ihr Geld und schaffen sich Ihr persönliches Finanz- und Lebenssystem?

Herzlich willkommen zu Ihrer eigenen Finanzrevolution!

Schönen guten Tag, ich bin Herr Schulz und ich war finanzsüchtig.

Als Banker habe ich geglaubt,
- Geld sei unverzichtbar, seine permanente Vermehrung ebenso, und finanzielle Unabhängigkeit sei das ultimative Lebensziel.
- Finanzprodukte seien unverzichtbar; sie übernähmen Verantwortung für uns und machten unser Leben besser.

Hi, ich bin André und ich war fremdbestimmt.

Als Privatperson war ich davon überzeugt, dass ich
- weiß, was mir wirklich wichtig ist und was ich für ein glückliches und zufriedenes Leben brauche.
- unabhängig bin und selbst bestimme darüber, wie ich mein Leben lebe.

Tja, wie man sich irren kann ...

Hallo, ich bin Lb. André Schulz und ich bin finanziell wirklich unabhängig.

Als Lebensbanker (Lb.) weiß ich heute, dass
- Geld kein automatischer Glücksbringer ist, Finanzprodukte keine garantierte Sicherheit bieten und wir unzählige Alternativen zu beidem haben.
- wir zu häufig fremdbestimmt reagieren, weil wir vieles zu wenig hinterfragen und nicht wissen, wie wir wann genau leben wollen und was wir aus eigener Kraft dafür tun können.

Wie wir mehr und mehr ein selbstbestimmtes glückliches (unser!) Leben führen können, davon erzählt dieses Buch.

Damit Sie für sich möglichst viele gewinnbringende Erkenntnisse mitnehmen können, die einen ganz praktischen Bezug zu Ihrem Leben haben, werden Sie im Folgenden zu vielen wichtigen Themen hilfreiche und oftmals unbekannte Wahrheiten erfahren wie zum Beispiel:

- an welche Geldlügen wir irrtümlicherweise glauben, die unser Leben still, heimlich und tagtäglich negativ beeinflussen,
- welchen falschen Finanzweisheiten scheinbarer Finanzexperten wir unwissend blind vertrauen und dadurch häufig Geld, Nerven und Lebensqualität verlieren,
- welche unnötigen – häufig teuren Finanzprodukte – wir sinnlos nutzen, weil wir meist gar nicht wirklich wissen, was wir da genau abgeschlossen haben.

Übrigens: Das Lb. (Lebensbanker) trage ich in Anlehnung an die Gepflogenheiten der Gesundheitsbranche vor meinem Namen. Unserer Gesellschaft ist die körperliche, seelische und geistige Gesundheit so wichtig, dass es eine prestigeträchtige Auszeichnung und eine große Verantwortung ist, sich als Doktor oder Professor professionell darum kümmern zu dürfen. Für mich bildet die finanzielle Gesundheit, so wie ich sie im Folgenden definiere, einen ebenso wichtigen Teil unseres Lebens. Am Ende des Buches werden Sie verstehen, warum.

Einleitung

Wir alle sind geldabhängig und fremdbestimmt. Jeder von uns auf andere Art. Mal sind die Auswirkungen größer, mal kleiner. Immer aber sind sie präsent. Hier eine Auswahl an Hin- und Beweisen:

*Meine Freundin und ich würden gern heiraten.
Leider fehlt uns das Geld dafür.*

    Hurra, wir heiraten – wegen der Steuervorteile!

    *Um meine Gesundheit muss ich mich zum Glück
nicht selbst kümmern. Dafür habe ich ja meinen
bestens ausgebildeten Arzt.*

*Ich mag meinen Job nicht, muss aber möglichst
viel Geld verdienen, damit ich mir ein gutes Leben
leisten kann – auch wenn ich dadurch kaum noch Zeit
zum Leben habe.*

    *Endlich wieder eine ›Kauf 3, bezahl 1‹-Aktion
im Supermarkt. Da schlage ich mal kräftig zu.*

*Wir hätten gern ein Kind, aber das können
wir uns nicht leisten. Schließlich will man dem Kind
ja auch was bieten.*

    *So einen tollen Urlaub können wir uns nicht jedes
Jahr gönnen.*

Meine Gesundheit ist mir so wichtig, dass ich dafür extra eine Krankenzusatzversicherung abgeschlossen habe, deren Leistungen mich im Notfall wieder auf die Beine bringen.

Mein Finanzberater wird mir schon sagen, was das Beste für mich und mein Geld ist. Schließlich kennt der sich bestens aus und meint es gut mit mir.

Zu meinem Nachbarn muss ich kein gutes Verhältnis pflegen. Wenn der mir mal blöd kommt, nehme ich einfach einen Anwalt; das regelt dann meine Rechtsschutzversicherung.

Super, diese Null-Prozent-Finanzierung beim Autohaus. Die meinen es mal wirklich gut mit ihren Kunden.

Wenn ich mal berufsunfähig werde, hilft mir meine Versicherung. Ob ich die jemals brauche und ob die im Fall der Fälle auch wirklich zahlt? Egal, die Experten sagen, jeder sollte eine Berufsunfähigkeitsversicherung haben.

Mein Geld muss ich unbedingt vor der Inflation schützen und so viel Rendite wie möglich erzielen.

Mein Partner muss ausreichend eigenes Geld besitzen. Schließlich will ich den ja nicht auch noch mit durchfüttern.

Wie gut, dass ich meine Lebensversicherung habe. Die sorgt dafür, dass ich im Alter nicht unter Armut leide. Ob ich wohl den Verkäufer des Vertrages haftbar machen kann, wenn am Ende doch nicht das herauskommt, was er mir versprochen hat?

Wir werden manipuliert und abgelenkt: von uns selbst!

Unser Leben ist voller Momente, in denen wir nicht hundertprozentig wissen, was wir tun – und warum. Wir handeln häufig nicht selbstbestimmt, sondern lassen uns von äußeren Verlockungen leiten, reagieren auf Sorgen und Ängste, die man uns einredet, und geben unsere Verantwortung – meist gegen Zahlung von Geld – grundlos an andere ab, die scheinbar kompetenter sind und es vermeintlich gut mit uns meinen, wie zum Beispiel Ärzte, Finanzberater, Arbeitgeber, Dienstleister. Das wäre nicht weiter tragisch, wenn es uns im Leben weiterbringen würde (tut es meist nicht) oder wenn wir es bewusst täten (tun wir meist nicht). Nicht wir treffen häufig die Entscheidungen für unser Leben, sondern andere, weil wir vieles zu wenig durchdenken und uns zu oft blind und gutmütig auf andere verlassen. Wir haben verlernt, die Dinge um uns herum und in unserem Innern zu hinterfragen, und lassen uns stattdessen von außen steuern.

Statt uns zu fragen, was wir für unser Leben und unser Glück brauchen und dann auf die Suche danach zu gehen, handeln wir meist entgegengesetzt. Wir reagieren auf äußere (Kauf-)Reize, die Meinungen anderer oder den Rat von »Experten«. Sehen oder hören wir etwas, das uns gefällt, dann holen wir es in unser Leben. Ob uns das unserem Glück näherbringt oder nicht, durchdenken wir meist nicht. Warum prüfen wir nicht, ob das, was sich uns dauernd von außen aufdrängt, überhaupt zu uns und unserem Lebensplan passt? Warum schauen wir jeden Abend 2 oder mehr Stunden Fernsehen, statt uns nur einmal pro Woche zu fragen, ob uns unser heutiges Leben glücklich macht oder wie glücklich wir sein könnten?

Vielleicht weil wir gar nicht wissen, was wir wollen und welche Alternativen wir haben, um aus eigenem Antrieb etwas für unser Lebensglück zu unternehmen. Sind wir Konsumtrottel geworden, die sich mit Kaufen »belohnen«, die unkritisch den Empfehlungen anderer folgen und sich schnell mit dem zufriedengeben, was sich zufällig aufdrängt? Liegt es am Geld, das wir zu häufig mit Glück gleichsetzen? Und warum nutzen wir so viele Finanzprodukte (nicht selten zehn oder mehr), wenn vielen Menschen bereits drei vollkommen ausreichen würden? Welche das sind, erfahren Sie im revolutionären dritten Teil.

Mit diesem Buch werde ich Ihren Blick für neue, eigene Gedanken öffnen, die Ihnen helfen können, ein selbstbestimmtes, zufriedenes Leben in finanzieller Unabhängigkeit zu führen. Dieser spannende Weg besteht aus drei großen Schritten, denen sich die drei Teile dieses Buches widmen:

1. Geld
Provokant und kritisch.
Zu Beginn werde ich Sie dafür sensibilisieren, wie oft wir vom Geld gesteuert werden, wie wir uns in unbewusste Abhängigkeiten begeben und wann wir unnötig unsere Lebensverantwortung abgeben.

2. Leben
Motivierend und lebensnah.
Der Mittelteil zeigt anhand vieler konkreter Anregungen, wie Sie aus eigener Kraft unabhängig(er) werden und Ihr Leben motiviert (noch häufiger) selbst in die Hand nehmen.

3. Geld und Leben
Inspirierend und konkret.
Das umfangreiche Buchfinale bietet Ihnen unzählige Ideen zu sieben wichtigen Lebensthemen und hilft Ihnen, Ihre eigenen Ziele und Wünsche zu finden, Ihr Geld mit Ihrem Leben in Einklang zu bringen und sich unabhängig(er) zu machen – von Sorgen, von Meinungen anderer und vor allem von Finanzprodukten, zu denen Sie die Wahrheit über ihre scheinbaren Mehrwerte ebenso erfahren wie ihre tatsächlichen Funktionsweisen und kostenfreien Alternativen.

Ob Sie's jetzt schon glauben oder nicht: Sie müssen nicht nach immer mehr Geld streben oder es permanent vermehren. Sie brauchen es ebenso wenig wie ein Wachhund zu beschützen und es bis zum Tod akribisch zusammenzuhalten. Es ist weiterhin nicht entscheidend für Ihr Lebensglück, ob Sie 1 Prozent oder 3 Prozent Rendite erzielen oder 10.000 Euro oder 50.000 Euro mehr auf dem Konto haben. Geld bringt Ihnen ebenso wenig automatisch Glück, wie Finanzprodukte für Sie Lebensverantwortung übernehmen. Folgen Sie nicht blind falschen Lebens- und Finanzweisheiten, die uns »Experten« aus aller Herren Branchen seit Jahrzehnten als die einzig gültigen Wahrheiten verkaufen.

Bei allem steht außer Frage: Für unser heutiges Leben brauchen wir Geld. Die Frage ist nur: wie viel, wann und wofür? Ich bin weder ein Geldgegner noch Anhänger eines geldlosen Lebens. Ich bin ein realistischer Optimist und will Sie dafür sensibilisieren, wann Sie Ihr Geld bisher vielleicht unbewusst oder ziellos statt glücksfördernd eingesetzt haben. Ebenso liegen mir persönliche Alternativen zum reinen Geldeinsatz am Herzen, die uns als Möglichkeiten zum Erreichen unserer Ziele und Wünsche häufig gar nicht präsent sind. Das Tolle hieran: Sie sind kostenlos, meist sofort umzusetzen und bringen etwas, das man mit Geld nicht kaufen kann: wahren Stolz!

Zu beiden Themen erhalten Sie viele Anregungen, um Ihre eigenen Lösungen zu finden. Wenn Sie nur einen inspirierenden Gedanken entdecken oder eine Idee ausprobieren und diese mit in Ihr Leben nehmen, hat sich dieses Buch gelohnt. Häufig sind es eben die kleinen Dinge, die eine große Wirkung haben können.

Ihr Leben kann mehr sein, als Sie es heute vielleicht für möglich halten. Also: **Leben Sie los!**

Erster Teil:
Geld

Geld? Regiert die Welt!

Haben wir das Geld in der Hand oder ist es umgekehrt? Wer braucht wen mehr: das Geld uns oder wir das Geld? Haben wir unser Leben im Griff oder bestimmt Geld über unsere Möglichkeiten? Was denken Sie?

Was wäre, wenn Sie vom nächsten Monat an
- *mit der Hälfte Ihres Einkommens/Ihrer Rente auskommen müssten?*
- *nur noch die Hälfte Ihres Vermögens besäßen?*
- *ein halbes Jahr lang nichts konsumieren dürften?*

Worauf würden Sie verzichten?

Ab welcher Summe kann man Sie kaufen? Was wären Sie bereit zu tun für 1.000 Euro, 10.000 Euro oder 1.000.000 Euro?

Wären Sie ab morgen finanziell reich, dürften Ihr Geld aber nicht ausgeben, welchen Mehrwert hätte Geld dann noch?

Wenn es stimmt, dass Geld glücklich macht: Ist unsere Welt heute in Zeiten von Geld im Überfluss eine bessere?

Ist Geld die Grundvoraussetzung dafür, dass sich unsere Welt weiterentwickeln kann? Gilt das ebenso für unser Leben?

Wie viel Geld gibt es aktuell wohl auf der Welt? Was schätzen Sie: Wird der Großteil eher (sinnlos) gesammelt oder (sinnvoll) investiert und zum Nutzen der Menschen im Fluss gehalten?

Im Vergleich zum Szenario, was passieren würde, wenn wir einen Tag lang keinen Strom auf der Welt hätten: Wie erginge es uns, wenn wir für einen Tag nicht mehr mit Geld bezahlen dürften? Oder wenn das Geld komplett abgeschafft würde?

Geld ist die Möhre. Wir sind die Esel.

Geld regiert die Welt und damit auch uns, unsere Lebensentscheidungen und letztendlich unser Glück. Geld ist jedoch nichts Böses, das uns ganz bewusst steuert und uns zu willenlosen Knechten macht. Wir selbst haben dafür gesorgt, dass Geld heute kein reines Tauschmittel mehr ist, sondern zum Rausch-, Sucht- und scheinbaren Allheilmittel wurde.

Während wir uns in früheren Zeiten viel mehr selbst um die Dinge unseres Lebens kümmerten, kürzen wir heute den Weg zum Glück scheinbar ab, indem wir Geld einsetzen. Wir kaufen Konsumgüter, die wir vielleicht gar nicht brauchen, um glücklich zu sein. Wir beauftragen Dienstleister für Arbeiten, die wir auch selbst erledigen könnten, wenn wir uns dafür qualifizieren würden. Wir abonnieren Zeitschriften oder kaufen Ratgeberbücher, deren Meinungen und Empfehlungen wir für unser Leben übernehmen. Wir holen uns mit Geld Expertise von Ärzten, die wir bei aktiver Beschäftigung mit unserer Gesundheit auch selbst gewinnen könnten. Wir investieren viel Geld in Versicherungen, Fonds und andere Finanzprodukte und geben damit Verantwortung für unser Leben aus der Hand, die wir selbst übernehmen könnten. Wir leihen uns Geld von der Bank, um uns Dinge zu kaufen, durch die wir – meist unnötig – zu Gefangenen unserer Schulden werden, teilweise sogar lebenslang.

Geld, Geld, Geld. Kein Wunder, dass wir uns häufig nur fragen: *Wie viel Leben ist mit meinem Geld möglich?*

Diese Geldorientierung führt ganz automatisch dazu, dass wir vieles in Bewegung setzen, um so viel Geld wie möglich zu bekommen. Um mehr zu verdienen, arbeiten wir mehr, als uns (unserer Familie?) vielleicht guttut, oder machen eine stressige Karriere, die wir ohne Geld als Gegenleistung vielleicht nicht machen würden. Oder wir glauben den Irrsinn, dass wir unser Geld für uns arbeiten lassen und somit reich werden können, wenn wir nur die richtige Anlage nutzen. Wir verhalten uns wie Geldeichhörnchen, die so viel Finanzvorrat wie möglich für schlechte Zeiten sammeln. Und wenn wir dann genügend Geld beisammenhaben, verwenden wir es, um uns abhängig zu machen, und entledigen uns häufig unserer Verantwortung.

Der gekaufte Konsum soll uns glücklich machen. Der beauftragte Dienstleister soll uns Arbeit abnehmen. Die bezahlte Zeitung oder der Ratgeber sollen uns schlauer und unser Leben besser machen (»richtig« – nach Expertenmeinung). Der konsultierte Arzt soll uns gesund machen. Die gebuchte teure Reise soll unsere Alltagssorgen wegfliegen lassen und unsere Energietanks wieder aufladen. Geld, Geld, Geld. Und wenn wir wieder Geld übrig haben, das wir heute nicht brauchen, machen wir was? Richtig, wir legen es zum Vermehren (und meist wieder gegen Geldzahlungen) in Finanzprodukten an. Wir sind mittendrin im Kreislauf des Geldes und nutzen Geld schon lange nicht mehr nur, um damit gezielt Leistungen zu erwerben, die wir ganz bewusst in unserem Leben benötigen. Geld ist unser Hamsterrad, und wir laufen, laufen und laufen. Wohin eigentlich? Immer dem Geld hinterher. Aber hilft uns Geld, dass wir das Leben führen können, das wir uns wünschen? Führt uns Geld auf direktem Weg zu unserem Glück? Oder lenkt es uns in Wahrheit ab von einem zufriedenen Leben?

Bei welchen wichtigen Entscheidungen, die Sie getroffen haben, hat Geld KEINE Rolle gespielt? Bei

- [ ] Ihrer Wohnungssuche oder Ihrem Hausbau?
- [ ] Ihren Anschaffungen?
- [ ] Ihrer Berufswahl?
- [ ] Ihrer Urlaubswahl?
- [ ] Ihrer Freizeitgestaltung?
- [ ] _____

Schon oft habe ich gehört: »Ich kann dieses oder jenes nicht, weil mir das dafür nötige Geld fehlt.« Oder anders ausgedrückt: »Hätte ich einen besser bezahlten Job, wohlhabende Eltern, einen reichen Partner, Glück im Lotto – also am Ende einfach mehr Geld, dann könnte ich auch ein besseres Leben führen, um nicht zu sagen: MEIN Leben, so wie ich es mir eigentlich vorstelle.«

Mir hat jedoch noch niemand gesagt: »Ich kann mein gewünschtes Leben nicht führen, weil ich keine Ideen habe, wie mir das gelingt.« *Ohne (ausreichend) Geld scheint heute kein (zufriedenstellendes) Leben mehr möglich zu sein.*

Es ist unglaublich, wie hoch unsere Frustrationstoleranzgrenze sein kann, wenn Geld im Spiel ist. Mieser Job, cholerischer Chef, mobbende Kollegen? Solange das Gehalt stimmt, egal. Schäbiges Hotelzimmer, schlechtes Essen, unfreundliches Personal? Solange der Preis stimmt, egal. Langes unerfülltes Studium, Einschleimen beim »geliebten« Chef, Aufstieg zur Führungskraft trotz innerem Unwohlsein und mehr Stressgefahr? Solange die Aussicht auf ein hohes Gehalt besteht, egal.

Nicht umsonst heißt es »Ohne Moos nix los«, und im Umkehrschluss: Wer Millionär ist, hat alles erreicht und verdient unsere vollste Bewunderung (oder all unseren Neid). Wer sich viel leisten kann, ist auch glücklicher. Wer mehr besitzt, hat auch mehr zu bieten. Und wer wünscht sich nicht die eigenen vier Wände, tolle Urlaube, schicke Autos, besondere Kleidung, die neueste Technik oder, oder, oder? Wer mehr Geld verdient, ist mehr wert als der, der wenig(er) verdient. Wer viel Geld sein Eigen nennt, scheint besser, wichtiger, mächtiger und gesellschaftlich relevanter zu sein.

Doch die Wahrheit sieht ganz anders aus: Wer mehr Geld hat, macht sich mehr Sorgen um sein Vermögen. Wer viel Geld besitzt, hat auch viel zu verlieren. Vor allem seine Unabhängigkeit, denn statt durch viel Geld finanziell unabhängig zu sein, wird man in Wahrheit finanziell abhängig. Geld zu haben macht zum einen Arbeit und füllt bei manchem ganze Ordner mit Finanzproduktinformationen. Zum anderen sorgt Geld dafür, dass sich möglichst viel ums Geld dreht: die »richtige« Anlage zu finden, das »perfekte« Steuersparmodell zu entdecken, die »optimale« Anlagestrategie zu wählen. Was für ein Unsinn!

Viele befolgen auf ihrem Weg zum ultimativen Lebensziel, der finanziellen Unabhängigkeit, stur irgendwelche unsinnigen Finanzregeln. Wären sie bei klarem Verstand, würden sie erkennen, was sie da tun. Oder meinen Sie, ein Alkoholiker, der vom Alkohol unabhängig werden will, füllt seinen Keller bis zum Anschlag mit Hochprozentigem? Das allgemein anerkannte Ziel der finanziellen Unabhängigkeit ist in Wahrheit ein Weg in die finanzielle Abhängigkeit. Geld fesselt – im wahrsten Sinne.

Wenn Geld aber so natürlich zum Leben gehört wie der Atem zum Herzschlag, warum spricht man dann eigentlich nicht über Geld? Über sein eigenes Geld. Fragen Sie doch mal Ihren Nachbarn, wie viel Geld er besitzt, oder eine Arbeitskollegin, wie viel sie verdient. Ob Sie eine Antwort erhalten? Würden Sie selbst auf diese Frage antworten? Über Geld wird geschwiegen, weil man über Abhängigkeiten und Süchte eben nicht offen spricht. Warum auch? Wüsste jeder, wie viel

Geld wir verdienen oder besitzen, würde dies in vielen Fällen doch nur Missgunst oder Mitleid nach sich ziehen – je nachdem. Außerdem hätten die, die – im Vergleich zu anderen – viel besäßen oder verdienten, dadurch eher Angst: um ihr Vermögen (wenn andere davon wissen, könnte man es ja stehlen wollen) und um das veränderte zwischenmenschliche Verhältnis (wie gehen die anderen dann mit mir um?). Und wer weniger, zumindest aus seiner Sicht zu wenig verdiente, bekäme vielleicht das Gefühl, weniger wert zu sein. Wie auch immer, wir Menschen hätten von unserem »Geldgeständnis« sicherlich keinen Vorteil. Geld macht scheinbar vergleichbar und teilt unsere Welt: in die wertvollen (mit Geld) und die anderen.

Nehmen wir nicht wahr, dass uns die Erdanziehungskraft am Boden hält, während die Geldanziehungskraft dafür sorgt, dass wir abheben und uns von dem entfernen, was uns wirklich hält auf der Welt – von unserem Leben?

Warum lassen wir uns von Finanz-, Geld- und damit verbundenen scheinbaren Weisheiten vom wahren Kern unseres Lebens abhalten? Nur weil viele logisch klingen (obwohl sie es bei genauer Betrachtung nicht sind)? Oder etwa weil wir sie schon so oft gehört haben, dass sie uns plausibel erscheinen?

Bestimmt die Höhe unseres Einkommens doch unseren Wert als Menschen? Wenn nein, warum erhalten Geldarbeiter ein Vielfaches von dem Gehalt der Menschenarbeiter?

Warum streben wir nach permanenten Gehaltserhöhungen, anstatt bei gleichem Geld zum Beispiel lieber für mehr Freizeit, mehr Arbeitsqualität oder mehr Lob vom Chef einzutreten?

Macht uns jeder Konsum glücklich? Wenn ja, warum belasten uns manch teure Konsumgüter eher – weil wir uns Sorgen machen, dass sie beschädigt oder gestohlen werden könnten?

Warum bringen wir unseren Kindern bei, dass es wichtig ist, später einen gut bezahlten Job zu haben? Zählt ein gutes Gehalt mehr als das Glücksgefühl zu tun, was für einen selbst richtig ist – ganz unabhängig von der ›finanziellen Vernunft‹?

Warum haben wir Geld so unheimlich lieb, dass wir es am liebsten nie mehr aus der Hand geben, so viel wie möglich davon horten und es beschützen wie unsere Kinder?

Ist unser Kontoauszug am Ende etwa doch die goldene Eintrittskarte ins Himmelreich? Können wir uns erst dann glücklich und zufrieden vom Leben verabschieden, wenn wir an unserem letzten Tag eine gewisse Geldsumme vorweisen können?

Zu oft stehen wir unter fremden Einflüssen. Kein Wunder, dass es uns manchmal so vorkommt, als hätten wir unser Leben oder unser Glück nicht mehr zu jeder Zeit selbst fest im Griff.

Was wir in solchen Momenten nicht wahrnehmen, ist die Tatsache, *wie* wir unser Leben gestalten – oder besser: wie wir es von anderen gestalten *lassen*. Wäre das Leben eine Pyramide, sähe sie bei manchen von uns so aus:

4. FINANZPRODUKTE

3. GELD

2. PERSÖNLICHE AKTIVITÄTEN

1. LEBENSZIELE

Unsere Lebenspyramide steht kopf – und damit auch wir. Das heißt genauer:

1. Lebensziele = Wie will ich leben?
Wir wissen kaum, was wir wann im Leben wirklich wollen, weil wir uns zu wenig Zeit dafür nehmen, uns in Ruhe damit zu beschäftigen. Zu oft lassen wir uns von äußeren Reizen treiben und eifern manchmal unbewusst den Lebenszielen oder -idealen anderer Menschen nach – obwohl wir diese bewusst und von innen heraus meist nicht wählen würden.

2. Persönliche Aktivitäten = Was kann ich aus eigener Kraft für mein Leben unternehmen?
Weil wir so wenig über unser Leben(sglück) wissen, unternehmen wir auch kaum etwas aus eigener Kraft dafür. Warum auch, wenn die Ziele und Wünsche zu häufig nicht unsere eigenen sind? Woher soll in uns eine echte Motivation wachsen, wenn die Dinge, denen wir nacheifern, nicht von uns selbst kommen?

3. Geld 🪙 = Wie nutze ich mein Geld sinnvoll für meine Ziele und Wünsche?
Dafür räumen wir dem Geld in einem sehr großen Teil unseres Lebens eine Schlüsselrolle ein und fragen uns eher, wie viel Leben wir uns damit leisten beziehungsweise wie wir so viel Geld wie möglich bekommen können, anstatt wie wir wann leben wollen und wie viel Geld wir dafür benötigen.

4. Finanzprodukte 📄 = Wobei könnten mich Finanzprodukte hilfreich unterstützen?
Und weil wir uns so einfach verunsichern lassen, uns Angst machen lassen und den Ratschlägen der »Experten« so gerne folgen, schließen wir auch viel mehr Finanzprodukte ab, als nötig wären, wenn wir besser wüssten, was wir wollen, worum wir uns sorgen und wobei uns Finanzprodukte ganz konkret unterstützen sollen.

Von einem selbstbestimmten, unabhängigen und glücklichen Leben sind wir somit weit entfernt. Dabei ist es ganz einfach, wenn wir den Blick vom Detail aufs große Ganze lenken.

> Je klarer wir wissen, was wir wollen (🎯), desto mehr werden wir aus eigener Kraft dafür tun, um es zu erreichen (🏃), desto sinnvoller und zielführender werden wir unser Geld einsetzen (🪙) und desto genauer werden wir wissen, welche Finanzprodukte wir wirklich benötigen (📄), um damit unsere Ziele und Wünsche zu erreichen.

Damit uns dies gelingt, müssen wir uns zunächst unserer kopfstehenden Lebenspyramide bewusst werden und genauer wahrnehmen, wer an unserer Stelle deren Inhalte für uns bestimmt. Sehen wir uns doch im Folgenden einmal ganz konkret an, wann wir uns unnötig in Abhängigkeiten begeben, wie wir unsere Verantwortung unsinnigerweise an andere übertragen und wann wir dem monetären Einfluss erliegen – kurz gesagt, wo uns das Geld schon jetzt offen oder noch still und heimlich regiert.

Übrigens: Sie finden im Folgenden viele Fragen, die Sie anregen möchten, sich Ihre eigene Meinung zu den jeweiligen Themen zu bilden.

Geld regiert die Wirtschaft

> *Welches Ziel verfolgt jeder wirtschaftliche Gedanke?*
> *Und worauf zielt jede wirtschaftliche Handlung?*

Wozu beschäftigen Unternehmen Mitarbeiter? Damit Dienstleistungen erbracht und/oder Produkte hergestellt, verkauft und hieraus alle aufgewendeten Kosten bezahlt werden können plus Gewinn. Am Ende jeder wirtschaftlichen Frage- und Handlungskette steht Geld – immer. Geld, welches das Unternehmen, die Mitarbeiter, die Zulieferer bekommen. So weit, so gut, sofern das Geld für unser Leben von Nutzen ist. Das gelingt aber nur, wenn auch in der Wirtschaft das rechte Maß eingehalten wird, wenn die Gier nicht überhandnimmt und nicht allein das Geld bestimmt, wie sich die Wirtschaft mit welcher Geschwindigkeit in welche Richtung entwickeln soll.

> *Wer ist »die Wirtschaft«, wenn nicht der Mensch?*

Menschen arbeiten für Unternehmen. Menschen kaufen von Unternehmen. Menschen besitzen die Unternehmen. Und weil das so ist, überträgt sich die Geldabhängigkeit und Geldsucht des Menschen oft auch auf unsere Wirtschaft. Würde diese nur Produkte herstellen und Dienstleistungen erbringen, die einen wirklichen Mehrwert für ihre Abnehmer besäßen, die unsere Welt (zumindest ein kleines Stück) besser machen würden, hätte das dafür gezahlte Geld einen echten Sinn. Aber, was schätzen Sie: Wie viel Prozent der existierenden Produkte und angebotenen Dienstleistungen haben einen wirklichen Mehrwert für den gedachten Abnehmerkreis? Und wie viel Prozent sind sinnlos oder extrem sinnbefreit? Was überwiegt? Warum gibt es überhaupt Produkte, wenn sie für unser Leben keinen Nutzen haben?

Es geht eben oft nicht um Sinnhaftigkeit, sondern allein ums Geldverdienen. Beispiele gibt es zuhauf. Versuchen Sie bei einem neuen Auto einfach mal eine Glühbirne zu wechseln. Keine Chance. Viele Produkte werden bewusst so konzipiert, dass man mit ihnen auch nach dem Verkauf möglichst viel Geld verdient. Aber das alles geht natürlich nur dann, wenn diese Produkte auch gekauft werden. Und hier kommen wir Verbraucher ins Spiel: Wie viele Produkte kaufen wir, die wir eigentlich gar nicht brauchen? Und wie viele Dienstleistungen nehmen wir unnötig in Anspruch?

Doch auch bei der Herstellung und Erbringung sinnvoller Produkte und Dienstleistungen ist ein gefährlicher Trend zu beobachten: die permanente Suche nach Geldeinsparpotenzialen. Was auf den ersten Blick gut klingt (effizienterer/geringerer Geldeinsatz), mündet in der Realität nicht selten in eine radikale Optimierung von Produktionsprozessen (schneller, billiger, effizienter), in eine Wegrationalisierung von Arbeitsplätzen (Maschinen statt Menschen) oder in Preisdruck (zum Beispiel auf Rohstoffproduzenten, Zulieferer, Vertriebspartner).

Natürlich bin auch ich mit meinen Unternehmen ein Teil der Wirtschaft und versuche mit ihnen unter anderem, die Finanzindustrie für eine ehrliche und menschenorientierte Kundenberatung zu gewinnen – ohne Verkaufstricks.

Und auch ich freue mich darüber, dass wir mit unseren Produkten und Dienstleistungen Geld verdienen, um unsere Mitarbeiter zu bezahlen, unsere Zulieferer und ebenso mich als Unternehmer. Ebenso unterstütze ich jede Form eines sinnvollen, weil notwendigen (technischen) Fortschritts – vor allem, um wettbewerbsfähig zu bleiben und Innovationen voranzubringen. Aber das alles bitte schön mit Augenmaß und nicht so häufig zum reinen Vorteil des Geldes und zum Nachteil des Menschen, für den diese Welt gedacht ist. Permanentes weiteres Wachstum funktioniert schon bei uns selbst nicht. Übertreiben wir's nicht!?

Und wenn selbst die Menschen, die von dieser geldfokussierten Wirtschaftsentwicklung am meisten profitieren (Vorstände, Anteilseigner), ihr damit verdientes Geld zu Großteilen lieber horten und es sich selbst weiter vermehren lassen, dann stellt sich mir nur eine Frage: *Warum machen Menschen Geldgewinne (nicht selten auf Kosten anderer Menschen), die sie zum Großteil nur sammeln und überhaupt nicht für ihr Leben nutzen?* Logik? Fehlanzeige. Was würde wohl passieren, wenn wir unser Kaufverhalten verändern und Abstand nehmen würden von Produkten und Dienstleistungen, die unser Leben nicht unterstützen oder es voranbringen? Vielleicht würden wir dadurch manche rein geldorientierte Unternehmenspolitik verändern.

Geld regiert die Politik

Aufgabe von Politik ist es, die Angelegenheiten unseres Gemeinwesens durch verbindliche Entscheidungen zu regeln. Aber: nach welchen Kriterien? Fragt sich die Politik, fragen sich also die politisch tätigen Menschen, bevor sie entscheiden, was unserer Gemeinschaft guttut und unserem Land nutzt? Geht die Politik von dem aus, was uns Menschen antreibt und was wir benötigen, um ein gutes oder besseres Leben zu führen? Oder geht ihr erster Blick zum Geld und dann in die Frage über: Wie teilen wir die vorhandenen finanziellen Mittel auf, ohne allzu große Widerstände bei der Masse der Bevölkerung hervorzurufen?

Wenn es der Politik wirklich um uns Menschen und unser Leben ginge, stelle ich mir folgende Fragen:

Warum gingen die Geburtenraten jahrelang zurück, während die Politik so viel Geld wie noch nie für Familien und Kinder ausgab?

Warum muss der Staat ökologisch sinnvolle Maßnahmen mit Geld fördern/bezuschussen, damit wir davon Gebrauch machen?

Kann man unser Bildungssystem einzig und allein mit Geld verbessern? Bedeutet mehr Geld automatisch bessere Lern- und Lebensbedingungen für unsere Kinder?

Wie viel Geld kosten gute Staatsverhältnisse? Oder bemühen wir uns nicht aus zwischenmenschlichen Gründen um andere Kulturen, sondern aus wirtschaftlichen, ökonomischen oder geostrategischen (und somit auch finanziellen!) Erwägungen?

Warum werden Studiengebühren eingeführt, wenn durch den dadurch häufig entstehenden Zwang zum Broterwerb die Lebens- und Leistungsqualität der Studierenden sinkt, während der Erfolgs- und der Überlebensdruck immer weiter (bedrohlich) steigen?

Warum nehmen wir Bürger/-innen so selten Rentenabschläge in Kauf, obwohl fast jeder früher in Rente gehen möchte? Geht ein gutes Leben im Alter nur mit so viel Geld wie möglich?

Geld regiert die Nachrichten

> *Gibt es Nachrichten, von denen irgendjemand finanziell profitiert? Wie viel geldwerten Vorteil bringt die Titelseite der heutigen Tageszeitung insgesamt in Euro? Für wen?*

Markieren Sie zum Spaß einmal alle Zeitungsartikel mit einem Rotstift, in denen Geld eine Rolle spielt – in welcher Form auch immer. Es ist erstaunlich, wie präsent Geld in den Nachrichten ist – vordergründig, hintergründig und nicht selten gut getarnt. Ob Ablösesummen oder Gehälter bei Fußballern, Kriegsmeldungen, TV-Tipps, Studienergebnisse, neue Gesetze, Promi-Meldungen, Länderhilfen, aktuelle Kinofilme, Tarifverhandlungen, Buchempfehlungen, Wirtschaftsnews: Kaum etwas kommt komplett ohne Geldeinfluss aus.

Dass Geld als Mediensuperstar eine eigene Rubrik in unseren Medien bekommt, ist nur allzu logisch. Geld prangt unter der Rubrik »Finanzen« oder »Börse« gut sichtbar zwischen Wirtschaft und Kultur oder Sport und Politik und ist nicht selten bereits mit wichtigen »Neuigkeiten« auf der Titelseite präsent. Offenbar hat Geld den Platz an der Nachrichtensonne verdient, anscheinend rechnet sich seine mediale Dauerpräsenz. Für wen am meisten: für uns Leser/-innen oder für andere?

> *Wovon würden wir mehr profitieren: von Nachrichten aus der Rubrik »Geld« oder aus einer neuen Rubrik »Glück«?*

Nachrichten beeinflussen unsere Wahrnehmung der Dinge. Manchmal weniger, häufig stärker. Wenn der Großteil der Nachrichten mit Geld zu tun hat (Verdienen, Ausgeben, Spenden, Investieren, Anlegen, Verlieren ...), was bedeutet das für unsere Sicht auf die Dinge, für unseren Lebensfokus? Sind unsere Entscheidungen deshalb häufig geldfixiert, weil uns

Geld permanent umgibt? Inwieweit beeinflussen die Nachrichten unser Leben? Steigt unsere Angst vor möglichen Problemen oder der Zukunft, je mehr negative Nachrichten wir konsumieren? Werden wir fremdbestimmt, wenn wir das Leben anderer Menschen aktiv in den Medien verfolgen, zum Beispiel das von Prominenten? Sorgt der bewusst vermittelte Eindruck dafür, dass bei uns unbewusst hängen bleibt: »Die ›Schönen und Reichen‹ führen das perfekte Leben – das kann ich mir natürlich nicht leisten«? Ist unser eigenes Leben denn automatisch schlechter, wenn das von anderen scheinbar besser ist?

> *Warum müssen sich Nachrichten eigentlich »gut verkaufen«?*
> *Bemisst sich der Wert einer Nachricht nur an der Kaufnachfrage?*

Schlechte Nachrichten bringen Auflage (und Geld für die Medien), gute Nachrichten Glück (für uns). Schade, dass unsere Medien bestimmt werden von »bad news«, von Angst machenden, Sorgen schürenden, skandalträchtigen Nachrichten, die nicht dazu dienen, uns durch sachliche Information zu einer eigenen Meinung zu führen, damit wir gute eigene Entscheidungen treffen können, sondern die das Ziel verfolgen, uns abhängig/süchtig zu machen vom täglichen Nachrichtenstrom, damit (mehr) Geld verdient werden kann. Aber: Was würde passieren, wenn niemand für das Lesen schlechter Nachrichten Geld ausgäbe?

> *Welche Art von Nachrichten würden wir wohl täglich lesen, wenn die Medienorgane mit ihnen kein Geld verdienen müssten?*

Die Welt ist das, was wir von ihr denken. Und was wir von ihr denken, hängt davon ab, was wir von ihr wahrnehmen. Wie würde unsere Welt aussehen, wie unsere Meinungen, Ansichten, Entscheidungen, wenn wir nur gute Nachrichten wahrnehmen würden? Nachrichten, die uns motivieren, weil wir einen Mehrwert haben, wenn wir uns nach ihnen richten?

Geld regiert die Gesundheitsbranche

In Zeiten knapper Krankenkassenbudgets: Wie hoch ist die Notwendigkeit, mit seinen Patienten möglichst viel Geld zu verdienen, um seine eigenen Kosten bedienen zu können?

Nur sehr wenige von uns leben von Luft und Liebe – Ärzte sind da keine Ausnahme. Natürlich müssen auch sie Geld verdienen, um ihre unternehmerischen Kosten zu tragen und ihre private Lebenshaltung zu finanzieren. Das ist vollkommen legitim. Aber können Patienten wirklich die Behandlung oder den helfenden Rat erhalten, wenn der Kosten- und Ertragsdruck auch bei Ärzten permanent präsent ist? Warum sonst unterbrechen Ärzte ihre Patienten im Durchschnitt nach 18 Sekunden, in denen diese ihr Anliegen geschildert haben, und präsentieren ihnen recht zügig DIE Lösung? Ob diese dem Patienten weiterhilft, ihn möglichst wenig oder nichts kostet und im Idealfall in Eigenregie von ihm selbst erledigt werden kann – wird das dabei wohl immer bedacht?

Wenn sich die Behandlung von Kassenpatienten für viele Ärzte finanziell nicht lohnt, ist dieses Verhalten die logische Folge – zumindest aus Sicht des Arzt-Unternehmers. Auf die kurze Information des Patienten über sein Anliegen folgen nicht selten die schnelle Diagnose und der Vorschlag von »Lösungsmöglichkeiten« in Form von gegebenenfalls kostenintensiven (wirklich notwendigen?) Medikamenten, Behandlungen, Operationen oder Zusatzprodukten/-leistungen, die er aktiv VERKAUFT. Hätte dieses Verhalten für den Patienten keine negativen Folgen und würde es, wenn auch unnötig kostenintensiv, dennoch zum gesundheitlichen Erfolg führen, könnte man darüber zwar auch nicht ganz hinwegsehen, es aber auch nicht komplett verurteilen.

Anders verhält es sich jedoch, wenn Behandlungen oder Medikamente vor allem deshalb verordnet oder verschrieben werden, weil damit Geld verdient werden soll – ohne positive Auswirkungen auf die Patientengesundheit oder mit billigend in Kauf genommenen Negativwirkungen. Die Beispiele hierfür mehren sich. Ob Knie-, Prostata-, Krebs- oder Herz(schrittmacher)-Operationen: In nicht wenigen Fällen wären andere Möglichkeiten als die Geld bringenden Eingriffe nicht nur möglich, sondern auch sinnvoller gewesen. Was wirklich notwendig ist, scheint immer häufiger von der aktuellen Finanzsituation des Krankenhauses, Arztes oder eines anderen Gesundheitsdienstleisters abzuhängen.

> *Was sagt die Tatsache aus, dass die jährlichen Ausgaben des Bundesministeriums für Verteidigung fast dreimal so hoch sind wie die des Bundesministeriums für Gesundheit?*

Nur ein Bruchteil des Gesundheitspersonals kennt sich mit für unsere Gesundheit elementaren Themen wie Ernährung, Bewegung oder die Bedeutung unserer Psyche aus. Wenn doch klar ist, dass vieles in uns miteinander verbunden ist, warum werden so häufig nur die sichtbaren (äußeren) Symptome behandelt? Warum gibt es so wenig Hilfe zur Selbsthilfe?

Warum wird im Verhältnis zu kostspieligen Behandlungen wie Operationen so wenig Geld für präventive Maßnahmen ausgegeben, mit denen man diese vermeiden könnte?

Und welchen Einfluss auf das, was wir Patienten tagtäglich erleben, haben die Politik und das heutige Gesundheitssystem? Sind Ärzte und andere »Gesundheitsmitarbeiter« nur diejenigen, die ausbaden müssen, wofür andere verantwortlich sind, weil sich manche Praxis heute nicht mehr »rechnet«?

Was wäre, wenn Ärzte auch Geld für gesunde Patienten bekämen statt nur für die Behandlung kranker? Würden sie nur Einzelsymptome behandeln oder viel eher dafür sorgen, dass ihre Patienten selbst das für sie Richtige tun? Was passiert dann mit der Pharmaindustrie, die unter anderem davon lebt, dass wir in Hoffnung auf Heilung oder Schmerzlinderung Medikamente kaufen, deren Inhaltsstoffe und Wirkungsweisen wir gar nicht einschätzen können, sondern nur auf die Werbung oder den Rat des »Gesundheitsexperten« vertrauen (der am Verkauf verdient)?

Wie viel Prozent der existierenden Medikamente brauchen wir wohl wirklich – und wie viele dienen alleine der Pharmaindustrie? Es ist schon erstaunlich, wie viele »neue« Krankheiten in den letzten Jahrzehnten entstanden sein müssen bei der Masse an »neuen« Medikamenten, die permanent auf den Markt kommen. Da stellt sich doch die Frage, was wohl zuerst da war: ein tatsächliches Gesundheitsproblem oder das »helfende« Medikament, für das man dann nur eine passende Krankheit brauchte (oder die Angst davor), um es zu verkaufen?

> *Was sagt die im Vergleich etwa zu Investmentbankern extrem geringe Bezahlung von Menschen, die sich um unsere Gesundheit bemühen, über uns als Gesellschaft aus?*

Wenn für Gesundheit in unserem Land anscheinend zu wenig Geld vorhanden ist, wenn Ärzte oder Krankenhäuser unter immer größerem Gelddruck stehen und wenn wir einen Mangel an qualifizierten Pflegekräften haben, der sich wegen unserer alternden und länger lebenden Gesellschaft in Zukunft verschärfen wird: Warum unternehmen wir nicht selbst mehr dafür, gesund und fit zu bleiben, statt uns durch monatliche Geldzahlungen in Finanzprodukte wie eine private Krankenzusatzversicherung für Krankheitsfälle abzusichern, die später vielleicht auftreten, die wir aber durch eigene Vorsorge vielleicht hätten vermeiden können?

Ist uns Patienten vielleicht auch eine einmalige Geldzahlung lieber samt der Abgabe von Verantwortung an jemand anderen, statt regelmäßig selbst mehr Verantwortung für unsere Gesundheit zu übernehmen? Warum informieren wir uns nicht selbst mehr über das, was in uns drin und an uns dran ist, und tun selbst genügend dafür, dass uns die Gesundheitsbranche möglichst gar nicht zu Gesicht bekommt?

Geld regiert die Nahrungsmittelindustrie

Was genau ist in unserer Nahrung enthalten?
Wie viel von ihrem natürlichen Ursprung besitzt sie
im verkauften Endzustand?

Können Sie ad hoc sagen, was Sie heute Morgen zum Frühstück gegessen haben? Ich meine nicht die Nahrungsüberschriften wie »Brot«, »Marmelade« oder »Käse«. Diese Bezeichnungen sind manchmal so zutreffend wie die Aussage, dass unsere Welt nur aus Wasser und Erde bestehe. Ein genauerer Blick auf unsere Nahrung zeigt: Wir muten unserem Körper täglich eine Vielzahl diverser Inhaltsstoffe zu – unbewusst und unkontrolliert. Unser geliebtes Müsli besteht vielleicht aus acht zusammengewürfelten Komponenten, die Wurst aus zehn, und unser Nachtisch kommt auf ganze zwölf. Wie viele davon sind noch natürlich und wie viele künstlich hergestellt? Wer sagt uns, dass die gewählten Mischverhältnisse und Zusammensetzungen tatsächlich gut für unseren Körper sind – und nicht nur so gewählt, dass sie unsere Geschmacksnerven bestmöglich blenden können? Geht es der Nahrungsmittelindustrie um unser Wohlbefinden, oder strebt auch sie danach, uns abhängig zu machen, damit wir unser Geld für ihre Produkte ausgeben? Denkt man nur an die »Sounddesigner« für Chips und Chipstüten, die nach den »richtigen« Geräuschen suchen, darf man das zumindest bezweifeln.

Dient unsere Nahrung auch unserem Körper, oder würde er ganz andere Dinge auswählen, wenn er selbst bestimmen dürfte, was in den Einkaufswagen und auf den Tisch kommt?

Auch in der Nahrungsmittelindustrie gilt mittlerweile der Grundsatz: Je schneller und günstiger die Produktion, desto höher der Profit. Hierfür werden Zulieferer in ihren Preisen gedrückt, und diese wiederum drücken den Preis derjenigen, die die Zutaten anbauen. Wen wundert's, dass dann auch beim Anbau das Geld die Qualität unserer Nahrung regiert? Billigere Samen, Massenanbau, immer mehr wachstumsbeschleunigende (Gift-)Stoffe, der Anbau von Monokulturen, die für Raubbau an unseren Böden sorgen; die Liste an Geldeinsparpotenzialen zur Gewinnoptimierung ist lang.

Aber nicht nur in der Herstellung steckt der Wurm, sondern auch im Vertrieb der Nahrungsmittel: Illegale Preisabsprachen von Süßwaren-, Kaffee-, Tee-, Bier- und Körperpflegemittelherstellern, die bereits hohe Strafzahlungen nach sich zogen. Extrem lange Liefer- und Transportwege, weil in einigen Ländern das Einpacken günstiger ist, in anderen ein anderer Bestandteil des gesamten Produktionsprozesses (man denke nur an die Krabbenpuler aus Marokko mit einem Stundenlohn knapp über einem Euro!). Möglichst niedrige Mitarbeiterlöhne und unbezahlte Überstunden: Vieles muss sich dem Geld unterordnen. Die Profitgier verändert die natürlichen Herstellungs- und Verkaufsprozesse enorm. Weg von »Gut für die Ernährung und den Verbraucher«, hin zu »Gut für das Geld der Produzenten«.

Und wer zahlt am Ende den Preis dafür? Wir, die wir viele Nahrungsmittel angeboten bekommen, die häufig nicht halten, was sie versprechen oder sogar für das Gegenteil sorgen:

für Gesundheitsprobleme, die durch manche Nahrungsprodukte sogar hervorgerufen oder verstärkt werden. Warum sonst gibt es erfolgreiche Testsendungen im Fernsehen oder als Zeitschriften, die unsere Nahrung genauer unter die Lupe nehmen und häufig mehr finden, als uns lieb sein kann?

Und wie beeinflussen wir Verbraucher der Generationen Günstig und Gratis dieses System mit unserer permanenten Suche nach Rabattangeboten, mit unserem Wunsch nach schnell verfügbarem, günstigem Essen und langer Haltbarkeit, damit wir nicht so häufig einkaufen gehen müssen? Bekommen wir nicht am Ende nur das serviert, was wir mit unserem Einkaufsverhalten bestellt haben?

Geld regiert die Werbung

Wie viel Prozent der Werbung hat das Ziel, zu verkaufen und Geld zu verdienen?

Würden wir die vielen Angebote zählen, die uns über den Tag verteilt begegnen, wir hätten viel zu tun. Werbung kennt viele Wege: Briefkasten, Mail, Radio, Fernsehen, Kino, Smartphone, PC. Reizüberflutung ist die Norm. Mehr hilft mehr. Klotzen statt kleckern. »Höher, schneller, weiter« trifft »Größer, besser, neuer«!

Das Ziel der Werbung ist uns bewusst: Sie will uns zum Kauf bewegen, vielmehr verführen. Sie will weder unsere Liebe noch unser Lob, sie will nur unser »Bestes«: unser Geld. Ihre Botschaft ist stets die gleiche, auch wenn sie unterschiedlich verpackt wird: Unser Produkt macht dein Leben leichter, besser, angenehmer; es macht dich glücklich. Je mehr wir kaufen, desto glücklicher werden wir. Um ihr Ziel zu erreichen, ziehen Marketingexperten alle Register: Angebotsverknappung, Preisrabatte, zeitliche Befristung, kostenlose Zugaben zum Kauf, Prominente als Kaufanreiz, Kreation wohlklingender Produktnamen oder Erfolg versprechender Inhaltsstoffe. Gern auch alles in Kombination, denn dass Werbung funktioniert, weiß jeder von uns aus eigener (Kauf-)Erfahrung.

> *Was wäre eigentlich, wenn es gar keine Werbung gäbe? Wären wir befreiter oder würde uns etwas fehlen? Wenn ja, was?*

Wussten Sie auch, wie Werbung unsere Aufmerksamkeit gewinnt? Mit dem Drücken der Knöpfe »Sexualität« (weil wir uns rein evolutionär fortpflanzen müssen), »Angst« (weil wir überleben wollen) und »Gier« (weil wir geldgeil geworden sind). Und weil wir uns gern verführen lassen, häufig lieber nach Versprechen und Verpackungen kaufen als nach Inhalten und Notwendigkeiten, wird auch so viel geworben. Versteckte Kosten bei Null-Prozent-Finanzierungen? Eingegangene Kaufrisiken? Wahre Produktqualität? Nicht so wichtig, wenn nur der Preis stimmt.

Dass uns jedes Angebot automatisch zu einer Entscheidung zwingt (kaufen oder nicht kaufen?), ist uns meist gar nicht bewusst. Kein Wunder, dass uns in wirklich wichtigen Situationen manchmal die Entscheidungskraft fehlt. Unser Pulver ist ob der Dauerreize um uns herum oft schon verschossen.

> *Die Masse beworbener Produkte: Wird sie tendenziell eher über ihren Nutzen oder ihren Preis beworben? Warum eigentlich?*

Wenn Sie an Ihren letzten Einkauf denken: Haben Sie einige der Produkte im Kopf, die Sie gekauft haben? Woran erinnern Sie sich hierbei als Erstes: an den Grund, warum Sie diese gekauft haben, an die jeweiligen Inhaltsstoffe, die Verpackung oder den Preis? In der Regel wissen wir zuerst, warum wir etwas kaufen wollen. Auf Platz 2 folgt dann meist bereits der (ungefähre) Preis. Das Interessante ist, dass unser Einkaufswagen nicht selten mehr Waren enthält als unser Einkaufszettel.

Das liegt daran, dass wir zu Spontankäufen neigen, die nicht selten angeregt werden durch offensive Werbung: Ware von gestern zum halben Preis. Topangebot! Ein (günstiger) Preis geht nicht selten vor (echter) Notwendigkeit. Wobei: Wenn das, was wir da kaufen, bereits als verborgener Wunsch in uns geschlummert hat und durch das Angebot nur geweckt wurde, ist ja alles prima. Die Frage ist nur, wie häufig wir außen »Juchhu!« schreien, während es innen still bleibt. Das alles ist menschlich und kein Grund, unser Konsumverhalten ab sofort radikal zu verändern, aber vielleicht ein bisschen. Oder ist Ihnen heute schon eine Werbung begegnet, die Sie wirklich weiterbringt bei dem, was Ihnen wichtig ist? Vielleicht ist es ab und an sinnvoller zu agieren, statt nur auf Werbung zu reagieren, etwa mit der Frage: Würde mich das Beworbene auch dann interessieren, wenn ich es nicht gerade zufällig in der Werbung gesehen hätte?

Geld regiert die Lebensweisheiten

Wer entscheidet, dass eine Weisheit eine Weisheit ist: der, der sie erdacht und ausgesprochen hat, oder der, der sie hört?

Jeder von uns kennt sie: angebliche Weisheiten, Grundregeln des Lebens, die uns zum Glück führen – wenn wir uns nur an sie halten. Alle diese Weisheiten stammen von Menschen, die ganz andere Erfahrungen im Leben gemacht haben und ganz andere Sichtweisen besitzen (oder besaßen) als wir. Weil es weder ein richtiges noch ein falsches Leben gibt, stellt sich die Frage, was uns irgendwelche »Weisheiten« überhaupt bringen sollen. Dennoch folgen wir manchen von ihnen extrem konsequent – meist unbewusst. Wir übernehmen also die Prägungen anderer Menschen, anstatt selbst für uns herauszufinden, welche »Weisheiten« unser Leben bereichern würden. Liegt es vielleicht daran, dass wir uns wohler fühlen, wenn wir den Glauben eines anderen übernehmen können (auch wenn wir uns dadurch abhängig von seiner Weisheit machen), anstatt selbst zu denken und herauszufinden, was unserem Leben weiterhelfen könnte?

»Denke heute schon an morgen. Lerne einen anständigen Beruf. Studiere etwas, das die Wirtschaft braucht.«
Liebe »junge Wilde« (alle 18- bis 25-Jährigen) und liebe »Generation Y« (alle in den 1980er-Jahren Geborenen), kennen Sie diese oder ähnliche Sätze? Was geht beim Lesen in Ihnen vor? Diese drei »Lebensweisheiten« sind vielleicht gut gemeint und haben auf den ersten Blick auch nichts Negatives an sich. Bedenkenswert sind sie allerdings aus folgenden Gründen:

- Hinter allem steckt wieder der Antrieb des Geldes (Haben, Sammeln, Mehren, Verdienen).
- Sie alle geben vor, was Sie denken, tun und wonach Sie sich richten sollten.

Dabei weichen sie nicht selten diametral von dem ab, was Ihnen vielleicht wichtig ist, etwa:

Ich will heute leben (und nicht/wenig sparen)!

Ich will mir alle Möglichkeiten des Lebens so lange wie möglich offenhalten (und mich möglichst nicht entscheiden)!

Ich plane nicht, sondern lasse die Dinge auf mich zukommen (wer weiß schon, was mir das Morgen bringt?)!

Mir sind Familie, Freunde, mein soziales Umfeld wichtiger als Besitz und Karriere.

Ich möchte das tun, was mich erfüllt, und nicht das, was mir finanziell am meisten bringt.

»Sichere dein Leben und das deiner Lieben bestmöglich ab. Schaffe dir Werte und bewahre sie. Sorge vor und spare so viel wie möglich.«
Liebe »Generation Zuviel« (alle circa 30- bis 59-Jährigen), was spüren Sie gerade: Zustimmung, Gleichgültigkeit oder Ablehnung? In Ihrer Generation gibt es unzählige Aufgaben, die Sie zu bewältigen haben, zum Beispiel Folgendes:

Wir kümmern uns um unsere Kinder und wollen, dass sie einen bestmöglichen Start ins Leben haben.

Wir wollen Karriere machen und/oder unseren Beruf mit unserem Privatleben in Einklang bringen.

Wir hätten gern mehr Zeit für uns und unsere Freunde.

Wir kümmern uns um unsere Eltern und versuchen, sie nach Leibeskräften zu unterstützen.

Wir bauen uns unser Leben aktiv auf und wünschen uns Sicherheit und Stabilität für die nächsten Jahre.

»Schütze deinen Besitz. Achte darauf, dass dein Geld auch bis zum Lebensende reicht. Sorge dafür, dass du keinem deiner Lieben (finanziell und persönlich) zur Last fällst.«
Liebe Generation 60 plus, wie häufig werden Sie damit konfrontiert, dass Sie gut auf Ihr Geld aufpassen und es bestmöglich anlegen sollten? Wie viele Konsumangebote erhalten Sie

jede Woche? Wie häufig werden Sie angerufen und mit unfassbar lukrativen Angeboten konfrontiert? Bei genauer Betrachtung verwundert es nicht, dass Sie die Lieblingszielgruppe so vieler Unternehmen sind: Sie haben (scheinbar) das meiste Geld zur Verfügung, (scheinbar) keine großen Ziele und Wünsche mehr und (scheinbar) die größte Angst um Ihr Geld oder vor finanziellen Verpflichtungen, die auf Sie zukommen könnten. Unsinn. AltersvorSORGE war gestern. AltersvorFREUDE ist heute. Daher hoffe ich, dass Sie primär ganz andere Gedanken bewegen, etwa:

Wie genieße ich mein Leben nach der Arbeit?

Wie bleibe ich so lange wie möglich fit und gesund?

Wie, wo und mit wem möchte ich meinen Lebensabend genießen?

Womit verbringe ich meine freie Zeit am liebsten?

Welchen Hobbys möchte ich nachgehen?

Welche Teile dieser Welt möchte ich noch live entdecken?

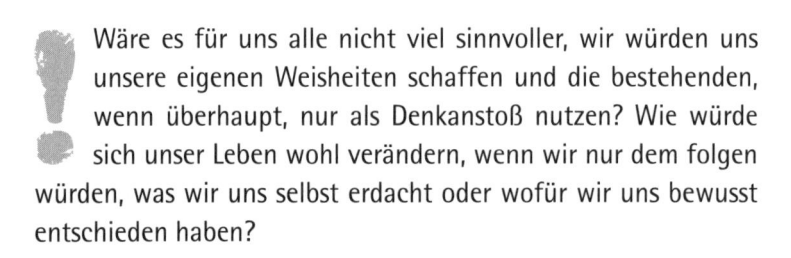

Wäre es für uns alle nicht viel sinnvoller, wir würden uns unsere eigenen Weisheiten schaffen und die bestehenden, wenn überhaupt, nur als Denkanstoß nutzen? Wie würde sich unser Leben wohl verändern, wenn wir nur dem folgen würden, was wir uns selbst erdacht oder wofür wir uns bewusst entschieden haben?

Geld regiert die Finanzweisheiten

Wenn es sie wirklich gäbe, die Geld-Erfolgsgeheimnisse, wer hätte ein Interesse daran, dass wir alle sie kennen?

Zeitungsartikel, Fernsehsendungen, Experteninterviews, Finanz-Newsletter, Bankberatungsgespräche, sie alle sind voll von (vermeintlichen) Finanzweisheiten. Dreien davon gehe ich jetzt mal auf den Grund. Wie viel Wahrheit enthalten sie?

Erste Finanzweisheit:
»Kaufen Sie Gold – am besten in echt!«

Gold gehört bei der Geldanlage nach Finanzexpertenmeinung in jedes Depot und am besten als reale Stücke (Münzen) in jeden Haushalt. Begründet wird dies damit, dass man so in Krisenzeiten, wenn das System kollabiert, der Crash kommt und Geld nichts mehr wert oder nicht verfügbar ist, unabhängig (über)leben könne – zumindest für eine gewisse Zeit.

Klingt logisch, ist es aber nicht. Wenn wir nicht mehr mit Geld bezahlen können, wäre Gold eine mögliche Alternativwährung, stimmt. Doch wenn das eintrifft, haben wir wahrscheinlich eine (komplett) andere Welt als heute. Daher sollten wir auch, zusätzlich zum Gold-Tipp, über folgende Fragen nachdenken:

- Wo würden wir unsere Goldtaler dann aufbewahren? In einer Bank? Was ist, wenn wir aufgrund der allgemeinen Krise gar nicht mehr an unser Schließfach herankommen? Lieber zu Hause im Tresor? Haben Sie Platz dafür? Wie stabil müsste dieser sein, um wirklich sicher zu sein?
- Wo könnten wir mit unseren Goldtalern bezahlen? In Supermärkten? Gibt es die noch in Krisenzeiten? Wie werden

sie vor Diebstählen geschützt? Erhalten sie noch Waren? Können diese überhaupt hergestellt werden?
- Wie viel wären unsere Goldtaler dann wert? Wie viel Essen würden Sie gegen Ihr Gold eintauschen können? Welche (neuen?) Preise würden für welche Nahrungsmittel verlangt werden? Für wie viele Tage, Wochen, Monate reicht das Gold, das Sie heute besitzen? Und wie kommen Sie zum Supermarkt? Mit dem Auto? Womit bezahlen Sie den Sprit? Nimmt die Tankstelle, wenn es sie noch gibt, überhaupt Gold an? Vielleicht gibt es in Ihrer Nähe einen Bauernhof, der Nahrungsmittel anbietet. Ob der Landwirt dann Gold annimmt oder er etwas ganz anderes zum Tausch will?

Es gibt unzählige Fragen, weil natürlich niemand weiß, was die Zukunft bringt. Daher *kann* es Sinn machen, Münzgoldtaler zu besitzen – muss es aber nicht.

Zweite Finanzweisheit:
»Schützen Sie Ihr Geld vor der Inflation (Geldwertverlust)«

Zuerst einmal: DIE Inflation gibt es nicht. Es gibt Millionen verschiedene, weil jeder von uns andere Produkte zum Leben braucht. Von daher müsste jeder von uns zuerst einmal wissen, wie hoch seine persönliche Inflationsrate (oder die seiner Familie) ist. Erst dann könnte es Sinn machen, sich zu überlegen, ob und was man gegen den Wertverlust des Geldes unternimmt. Denn was wäre, wenn Sie der – bei Ihrer Lebensführung vielleicht geringe – Wertverlust nicht stört, weil Sie die Produkte, die teurer geworden sind, gar nicht kaufen? Oder wenn Sie Ihre Lebensgewohnheiten zukünftig ändern und von den im Preis steigenden Produkten weniger benötigen?

Vielleicht ist es für Sie in ein paar Jahren in Ordnung, Ihren Lebensstandard zu reduzieren, ohne dass Ihre Lebensqualität darunter leidet? Die Inflation und der dagegen zu führende Geldanlagekampf geistern als dringender Handlungsbedarf schon lange unsinnigerweise herum. Entscheiden wir lieber selbst, welche Geister wir bewusst rufen wollen und über welche wir uns ob ihrer verkopft unlogischen Geldfixierung nur amüsieren.

Dritte Finanzweisheit:
»Sparen Sie heute ausreichend Geld und schließen Sie Ihre Rentenlücke im Alter«

Die Frage ist nicht, wie groß unsere mögliche Rentenlücke später sein kann. Die entscheidende Frage ist und bleibt allein, wie wir später leben wollen und wie viel Geld wir dafür benötigen. Außerdem: Vielleicht arbeiten wir ja länger, als wir uns das heute vorstellen können, und finden zum Beispiel Erfüllung in einem 400-Euro-Job, den wir heute noch nicht kennen und der uns im Alter Anerkennung und das wichtige Gefühl gibt, gebraucht zu werden, nützlich zu sein. Ebenso kann es sein, dass wir dann mit weniger Geld bestens auskommen, weil wir weniger finanzielle Verpflichtungen und/oder einen ganz anderen Anspruch ans Leben haben. Und überhaupt: Wer von uns kann auch nur in etwa abschätzen, wie sich unsere Welt zukünftig entwickeln wird? Wissen Sie, welche Regierungen und Gesetze wir in den nächsten zehn Jahren erleben? Wie sich Einkommen, Inflation, Geburtenraten oder der Bundeshaushalt entwickeln werden?

Bei so vielen Variablen darf die Frage schon erlaubt sein, welchen Sinn heutige Rentenschätzungen auf eine Sicht von zwanzig, dreißig oder noch mehr Jahren wirklich haben. Zumal diese häufig erheblich variieren – je nachdem, wer sie anhand welcher Kennziffern durchführt. Es gibt nämlich keine »richtige« Rentenlückenberechnung. Und wenn ich an die heute Zwanzigjährigen denke, die von der Stimme der (finanziellen) Vernunft animiert, nein, eher gezwungen werden, heute für »das Alter« zu sparen, schüttelt sich mein Kopf von ganz allein.

Wer von uns weiß schon, wie wir in vierzig, fünfundvierzig Jahren leben und wie viel Geld man dann zu welchem Leben braucht? Warum haben wir nicht einfach mehr Vertrauen ins Leben und in uns selbst? Glauben Sie nicht, dass Sie in der Lage sind, für sich selbst die richtigen Entscheidungen zu treffen?

Geld regiert die Banken

Was ist die wahre Aufgabe von Banken: Unternehmen und Menschen bei ihren Vorhaben zu unterstützen oder selbst so viel Gewinn wie möglich zu erwirtschaften (ganz gleich, wie)?

Früher waren Banken überdimensionale Geld-Güterbahnhöfe, die nur eine Aufgabe besaßen: Geld anzunehmen, es sicher zu verwahren und es wieder zu verleihen. Banken waren Geldvermittler und erhielten für diese Aufgabe sowie für das Eingehen von Risiken (zum Beispiel Ausfälle bei Kreditvergaben) die zwischen dem Leih- und Ausleihzins liegende Marge. Banken sollten Geld im Fluss halten und hiermit Unternehmen und Menschen unterstützen.

Und heute? Manche Banken folgen diesem Credo trotz niedriger Zinsmargen. Andere gehen nicht zuerst von den Bedürfnissen und Herausforderungen ihrer Unternehmens- und Einzelkunden aus, sondern lassen sich von ihren eigenen Ertrags-(Geld-!)Problemen leiten. Vielen geht's nicht um den Kunden, sondern ums nackte Überleben. Bezeichnend ist der

Anruf eines Vorstands, der mit uns zusammenarbeiten wollte, weil sein Finanzinstitut »das Jahr des Kunden« ausgerufen hatte, nachdem es sich nach eigener Angabe mehrere Jahre nur mit sich selbst beschäftigt hatte (Umstrukturierungen, Kostensenkungen).

So erklärt sich auch, warum Banken in einer eigenen Parallelwelt leben – einer Welt, die Geld über das Leben stellt. Geld ist für sie kalkulierbar und beherrschbar. Das Leben indes ist weder das eine noch das andere. Daher denken Banken stets vom Geld aus und haben hierum diverse Produkte, Tipps, Konzepte und Strategien kreiert, die vom Leben nicht selten so weit entfernt sind wie eine Giraffe vom Naseputzen.

Eine heutige Bank ist mit einer überdimensionalen Käseglocke vergleichbar, an deren blickdichter Fassade sich wunderschöne Bilder von glücklichen Menschen aller Generationen finden sowie mitreißende Texte wie:
- Lassen Sie Ihr Geld einfach für sich arbeiten!
- Erreichen Sie Ihre Ziele und Wünsche spielend leicht!
- Wir helfen Ihnen, ein sorgenfreies Leben zu führen!

Stellen Sie sich einen jungen Mann vor, Anfang zwanzig. Mit Irokesenhaarschnitt und zerrissener Jeans betritt er die Bank-Käseglocke, und nach einer Stunde kommt er wieder heraus. Nur etwas verändert. Seine Haare sind adrett gegelt, er trägt Anzug und einen Rucksack. Was ist passiert?

Ein Blick hinter die Kulissen verrät's. Im Inneren der Bank-Glocke fallen zuerst die Anzug tragenden Menschen auf, die mit ihrer Kleidung seriös, kompetent und vertrauenswürdig wirken wollen. Eine kleine Anekdote: Ein Bankvorstand meinte nach einem meiner Vorträge zu mir, die ich stets ohne Krawatte halte: »Das finde ich mutig von Ihnen, so ohne Krawatte. Aber das ist eigentlich ganz gut so. Dann ist wenigstens jedem klar, dass Sie keiner von uns sind.« Noch Fragen!?

Was wir bei den Finanzberatern allerdings *nicht* sehen: Sie tragen die Finanz-DNA in sich – also den festen Glauben, dass Geld für ein gutes Leben unabdingbar ist und dass die wichtigste Aufgabe darin besteht, es zu vermehren. Weiterhin haben sie in ihrer Ausbildung gelernt, dass Geld notwendig ist, weil es den Menschen in Form von Finanzprodukten Sorgen und Ängste nimmt. Und weil die Bank (möglichst viel) Geld verdienen möchte, erleben diese Finanzmitarbeiter seit Jahren eine tägliche Dauerbeschallung mit Botschaften wie:

- Finanzprodukte sind das Nonplusultra! Verkaufen Sie so viele wie möglich – egal wie, egal was, egal an wen!
- Bestärken Sie Ihre Kunden darin, ihr Geld nicht auszugeben, sondern es anzulegen (und im Finanzsystem zu halten) – mit möglichst viel Rendite –, das Wort »Risiko« bitte vermeiden, das erschreckt unsere Kunden unnötig!
- Ermuntern Sie Ihre Kunden, möglichst viel zu konsumieren – und zwar nicht mit eigenem Geld, sondern mit geliehenem. Schulden sind gut – für uns!
- Beschäftigen Sie sich nicht mit Unwichtigem wie Produktinhalten oder Nebenwirkungen, sondern lieber mit Argumenten, wie Sie diese Produkte verkaufen – alles andere lenkt unsere Kunden nur unnötig vom Abschluss ab!

Mit der für die Zielerreichung unabdingbaren Geldlehre werden Bankkundinnen und -kunden »bankformiert« und einzig von dem überzeugt, was die Bank für richtig hält. Das Übertragen bankeigener Weisheiten steht über dem Kundeninteresse. Was aus Banksicht nur logisch ist. Eigentlich würde jeder Kunde, weil jeder Mensch einzigartig ist, eine andere, individuelle Unterstützung benötigen, die eine heutige geldfixierte Bank jedoch weder leisten kann noch will.

Nicht selten betreten Kunden sorgenfrei eine Bank und verlassen sie voller Sorgen, die sie vorher nicht hatten. Das liegt

daran, dass auch wir in der Bank-Käseglocke oder durch ihre Werbung dauerbeschallt werden mit Botschaften wie:
- Sichern Sie sich und Ihre Familie unbedingt in ausreichender Form ab – im Leben kann (und wird) immer viel Unvorhergesehenes passieren!
- Leisten Sie sich mit unseren Krediten bereits heute so viel, wie Sie wollen. Zurückzahlen können Sie bequem in kleinen Raten über viele Jahre.
- Kümmern Sie sich heute um Ihre Altersvorsorge, damit Sie später nicht unter Altersarmut leiden!

Ungewollt tragen wir einen von der Bank gesponserten und gepackten Rucksack voller unnötiger Ängste, Sorgen und Abhängigkeiten – durch den ungewollten Abschluss von »Sorgen nehmenden« Finanzprodukten und die daraus resultierenden monatlichen Beiträge. Diesen *be*lastenden Rucksack, der uns eigentlich *ent*lasten sollte, tragen wir ungewollt durch unser Leben. Und zahlen dafür sogar regelmäßig – und meistens nicht zu knapp.

In Banken dreht sich eben fast alles ums Geld. Der Druck wird größer und führt teilweise zu aberwitzigen Ideen wie dieser: Ein Bankvorstand berichtete mir von einer visionären Ertragsidee, die sich an einen Großteil der Kunden richtete, die sich heute noch in den Filialen beraten lassen (Menschen älter als 65 Jahre). Da diese Kunden häufiger ihre Lesebrillen vergaßen, wollte man in der Filiale Ständer mit Brillen in unterschiedlichen Stärken vorhalten, um den Kunden diese dann zu verkaufen. »Damit unsere Kunden auch lesen können, was sie unterschreiben.«

Das Ziel ist unerlässlich, der Weg dorthin unfassbar. Ebenso der Nachsatz des Vorstandes: »Bei Regenschirmen, die man bei uns kaufen kann, wenn man seinen vergessen hat, klappt das bereits ganz gut.« Nach diesen Überlegungen würde es mich nicht überraschen, wenn Banken bald Merchandising-

Artikel anbieten wie die Krawatte des Beraters, die Geldspielesammlung für zu Hause (»Fang den Zins« und »Kunde, ärgere dich nicht«) oder den Finanz-Wackel-Experten fürs Auto.

Wie würden Banken wohl heute aussehen, wenn sie sich in all den Jahren nicht darauf fokussiert hätten, aus Geld immer mehr Geld zu machen oder Ängste und Sorgen zu schüren, sondern wenn ihr einziges Ziel gewesen wäre, ihren Kunden bei der realen Lebensführung zu helfen? Ich bin mir sicher, Banken wären heute höchst anerkannt, hätten weder eigene Finanzsorgen noch Zukunftsängste und wären – im Gegensatz zu heutigen Banken – vollkommen zu Recht systemrelevant.

Trotz aller Schelte: Es gibt sie noch, die Finanzinstitute, die es gut mit ihren Kunden meinen. Gerade weil ich mit meinen Unternehmen für eine absolute Kundenorientierung ohne Wenn und Aber stehe, komme ich auch mit Vorständen in Kontakt, die sich der Kritik stellen und sich für eine neue Finanzberatung öffnen, die nie vom Bankinteresse ausgeht, sondern nur vom individuellen Leben des Menschen. Immer öfter erlebe ich zudem, dass selbst Banker, die Finanzprodukte jahrelang gegen jedwede Kritik verteidigt haben, zu ganz neuen Einsichten zu bewegen sind. Langsam, aber immerhin. Mit diesen Menschen zu arbeiten erfüllt mich. Und die »anderen«? Die machen um mich von selbst einen großen Bogen. Und das ist auch gut so!

Geld regiert die Finanzprodukte

Gäbe es eine Pille, die verspricht, Ihren Körper um 5 Prozent leistungsfähiger zu machen, würden Sie diese einnehmen?

Sicherlich würden Sie vor einer möglichen Einnahme zuerst vieles über die »Superpille« wissen wollen und über die damit verbundenen Risiken und Nebenwirkungen.

Und wie ist das bei Finanzprodukten? Überprüfen Sie kritisch, worum es sich dabei handelt, bevor Sie abschließen, oder vertrauen Sie einfach den versprochenen Wirkungen?

Wussten Sie, dass es Hunderttausende Finanzprodukte gibt? Wirklich brauchen wir davon nur sehr, sehr wenige. Warum gibt es dann so viele? Weil die Finanzindustrie damit Geld verdienen möchte – aus ihrer Sicht nachvollziehbar. Es gibt auch über viertausend Käsesorten. Die braucht auch kein Mensch, aber jede einzelne hat im Gegensatz zur Masse der Finanzprodukte wenigstens einen klar erkennbaren Nutzen: Man kann sie essen.

Finanzprodukte lösen fast nie ein echtes Problem von uns Menschen, sondern in Wahrheit nur die Zielprobleme ihrer Hersteller und Verkäufer. Nicht umsonst sind viele Produkte so unfassbar komplex und kompliziert, dass selbst ihre Entwickler sie nicht mit wenigen einfachen Worten erklären können. Ich habe bereits mit einigen Produktentwicklern persönlich zu tun gehabt und kann Ihnen sagen: Finger weg von allem, was Sie nicht mit eigenen Worten erklären können (die meisten Entwickler konnten mir ihre Produkte nicht einfach und in Kürze erklären, geschweige denn, mir ihren Nutzen für mein Leben nennen!).

Wären die mit schönen bunten Bildern und emotionalen Werbebotschaften bestückten Finanzprodukte wirklich so toll und nützlich, wie man Ihnen suggeriert, warum locken manche Finanzinstitute dann mit »supertollen« Zugaben wie einem Plüschteddy gratis zum Bausparvertrag, einer LED-Taschenlampe umsonst zum neuen Kredit oder einem Scheibenwischer zur Kfz-Versicherung? Warum gibt es zum iPhone keinen Duftbaum? Weil das Produkt für sich spricht und einen erkennbaren Nutzen hat (oder etwa weil am iPhone die Duftbaumhalterung fehlt)?

> *Wie sind unsere Vorfahren vor hundert Jahren nur durchs Leben gekommen so ganz ohne Finanzprodukte!?*

Finanzinstitute versuchen aktiv und teilweise aggressiv, ihre Produkte loszuwerden. Warum sonst erhalten »ausgewählte Kundengruppen« in regelmäßigen Abständen »tolle« Kreditangebote? Sicher nicht, weil sie gerade jetzt einen Kredit benötigen, sondern weil sie für dieses Produkt »affin« sind, also eine hohe Abschlusswahrscheinlichkeit mitbringen. Nicht selten sind dies Menschen, die mit Geld eh schon ihre Probleme haben, die bereits verschuldet sind und viel eher Hilfe beim richtigen Umgang mit ihren Einnahmen benötigen.

Was aber tun diese Finanzinstitute? Sie verführen ihre (teilweise jungen oder gering verdienenden) Kunden wie ein Drogendealer seine »Kundschaft«, bedienen ihre Sucht aktiv und machen sie abhängig(er). Häufig habe ich Verantwortliche aus der Finanzindustrie gefragt: »Möchten Sie, dass auch Ihre (Enkel-)Kinder die Kreditangebote Ihrer Bank erhalten?« Die Antwort war stets identisch: Nein! Klar, wenn's persönlich wird und das eigene Leben betrifft, werden aus Bank- schnell Menschenmeinungen. Wer möchte schon, dass seine (Enkel-)Kinder grundlos zum Schuldenmachen verführt werden (fürs Handy, den Urlaub, den Fernseher)!? Aber bei ihren Kunden ist ihnen das egal?

> *Macht uns der Abschluss einer Unfallversicherung sicherer oder sorgt er eher dafür, dass wir uns sorgloser verhalten?*

Manche Finanzprodukte, zum Beispiel Versicherungen, täuschen uns vor, dass sie Verantwortung für uns und unsere Lieben übernehmen (wenn etwas passiert). Wäre dem wirklich so: Warum gibt es so viele Rechtsstreitigkeiten zwischen Versicherungen und Versicherten, die auf ihr vertraglich zugesichertes Recht pochen? Warum beschäftigen Versicherungen so viele Anwälte und Rechtsexperten, die nur daran arbeiten, im Versicherungsfall möglichst wenig Geld auszuzahlen? Was mich am meisten stört, ist die Tatsache, dass wir darauf hereinfallen.

Warum geben wir überhaupt Verantwortung für unser Leben an eine Industrie ab, die bei Umfragen zu den Themen Vertrauen und Seriosität auf den hintersten Plätzen rangiert?

Geld regiert die (Finanz-)Experten

Kennen Sie den »Wunderheiler« Braco, der seit mehr als 20 Jahren durch die Welt tourt und von seinen Anhängern frenetisch gefeiert wird? Braco »heilt« dadurch, dass er 45 Minuten ins Publikum schaut. Das ist alles. Wer will, kann sich auch eine DVD nur mit seinem Blick für die Wunderheilung zu Hause kaufen.

Wer Braco als Scharlatan abtut, tut ihm unrecht. Wer weiß schon, ob sein Blick nicht wirklich heilende Wirkung hat (oder der Glaube daran)? Genauso könnten wir Finanzexperten auslachen, die uns Tipps zu Börsen- oder Aktienentwicklungen »verkaufen« wollen, obwohl sie keine Glaskugel besitzen. Oder »Experten« aus den Bereichen Ernährung, Sport, Gesundheit, Handwerk, Dienstleistung etc., die alle nur ihre eigenen Wahrheiten besitzen und uns von ihnen überzeugen wollen. Das Faszinierende an diesen »Expertengruppen« ist nicht die Tatsache, dass es sie gibt, sondern dass ihrem Rat so viele Menschen blind folgen.

Woran liegt es also, dass wir die Meinung von »Experten« nicht nur anerkennen, sondern sie auch häufig für unser Geld und unser Leben übernehmen? Wir lassen uns gerne führen. Am liebsten von Menschen, denen wir die Führung zutrauen, weil wir sie aufgrund ihrer Titel oder Rhetorik für fähig halten. Und wir lassen andere gerne für uns denken, übernehmen dankbar Gedanken, weil diese fachlich viel fundierter sind als die unseren und von daher richtig sein müssen.

Doch auch Finanzexperten irren, weil sie, wie wir, nur schätzen, was die Zukunft bringt. Sie untermauern ihre Schätzungen nur mit wohlklingenden Zahlen, Daten, Fakten und tragen ihre Meinung sprachlich eloquent vor. Dabei kommen weder Finanz- noch andere Experten als solche auf die Welt.

Wir alle können selbst zu Experten werden, durch intensive Beschäftigung mit einem begrenzten Thema, das wir uns durch Lesen, Handeln und eigenes Denken erschließen können. Und wenn wir dem »Experten« dann gegenübertreten und ihn mit unserem Wissen konfrontieren, um seine Meinung dazu zu hören, wird es spannend. Probieren Sie es einfach einmal aus. Insbesondere bei Ärzten und Finanzexperten garantiere ich Ihnen spannende Erfahrungen, die sich in jedem Fall lohnen werden – für Sie!

Und falls Sie als Replik mit dem »einen Beispiel« konfrontiert werden: Dieses EINE BEISPIEL ist eine typische Methode, wie man jeden zu jedem Thema mundtot machen kann. Egal, was Sie für richtig halten, es gibt bestimmt das EINE BEISPIEL, das Ihre Meinung widerlegt und die Expertenmeinung stützt. Sie wollen keine Berufsunfähigkeitsversicherung? Der Experte kennt einen »echten« Fall, wo das Patenkind des Vaters von einer Freundin berufsunfähig wurde und froh und dankbar war, die Versicherung zu haben. Sie wollen sich so oder so ernähren? Der Experte erklärt Ihnen, dass die Schwiegermutter des Onkels seiner Tante genau das auch gemacht und deshalb dieses oder jenes Leiden bekommen hat. Sie haben eben unrecht, der Experte hat recht. Dumm nur, wenn man eine eigene Meinung hat und sich keine Ängste einreden lässt, weil man weiß, dass es für das EINE BEISPIEL unzählige lebende Gegenbeispiele gibt.

Wer hat eine höhere Wahrscheinlichkeit auf eine richtige Vorhersage: der Börsen- oder der Wetterexperte?

Es gibt ihn nicht, den hundertprozentig exakten Algorithmus, der zukünftige Entwicklungen treffsicher errechnen kann. Warum sollte dann ein Finanzexperte wissen, was kommt?

Sie kennen sicherlich eigene Beispiele, wo Fachamateure den besseren Riecher hatten als vermeintliche Fachexperten. Nicht selten habe ich als selbst ernannter Fußballexperte bei Tippspielen gegen meine Frau verloren, die sich überhaupt nicht für Fußball interessiert. Meinen Sie, im Bereich Finanzen, bei der Einschätzung von Börsen oder Wirtschaftsentwicklungen, ist das viel anders? In einer hochkomplexen Zeit, in der alles eng miteinander verwoben ist, in der die Geschwindigkeit zunimmt und in der unzählige Teilnehmer am Markt agieren, die – meist verdeckt – versuchen, ihre eigenen Interessen durchzusetzen? Selbst wenn ein Finanzexperte das gesamte Wissen von Google besäße, wüsste er nicht, was morgen an neuen (kurs-/zins-)entscheidenden Nachrichten dazukommt.

Trotzdem haben Finanzexperten eine geldrelevante Aufgabe, die ihnen nicht bewusst ist: Sie halten unser Geld im Finanzspiel und sorgen mit wechselnden Empfehlungen dafür, dass wir unser Geld brav von einer Anlageklasse in die nächste wandern lassen und wieder zurück. Das ist (für sie) allemal besser, als wenn wir unser Geld ins Leben zurücktauschen und es dem Finanzsystem (und somit auch ihnen!) entziehen würden.

Finanzexperten müssen zweierlei beherrschen: (unnötige) Ängste schüren können und überzeugend vermitteln, dass ihr Rat die passende Lösung für die Beseitigung der Angst ist.

Wovor Geldbesitzer immer Angst haben, sind Krisen und vor allem: DER Crash des Systems. Dieser wird schon jahrelang prophezeit, ist aber bisher noch nicht eingetreten. Wie unzählige Expertenmeinungen übrigens auch. Wie viele Finanzexperten sagten die Finanzkrise von 2008 voraus? Plötzliche Tagescrashs im Dax? Der rapide Öl- und Goldpreisverfall? Nur ganz, ganz, ganz wenige. Wie auch, wenn man Eugene Fama folgt, seines Zeichens Wirtschaftsnobelpreisträger, der aufgezeigt hat, dass alle Informationen, die es zu irgendetwas gibt (Unternehmen, Märkten etc.), bereits im aktuellen Kurs enthalten sind. Das heißt, dass niemand wirklich weiß, wie sich dieses oder jenes in der Finanzwelt entwickeln wird. Außer man hat Insiderinformationen, was verboten ist, oder eben Glück.

Die Tipps der Experten sind nicht selten aberwitzig, etwa:
- Sie haben Angst vor dem Crash? Kaufen Sie sich Ackerland und/oder eine Streuobstwiese, damit Sie sich im Fall der Fälle selbst versorgen können!

Klar, da rasten alle Mieter in Großstädten förmlich aus vor Umsetzungsfreude. Wenn man Menschen schon unnötig Angst vor etwas machen muss, das eine nicht viel größere Wahrscheinlichkeit besitzt als der Weltuntergang, warum nimmt man diese Ängste dann nicht ernst und gibt Tipps, die den Betreffenden wirklich weiterhelfen würden, etwa:
- Investieren Sie in einen stabilen Tresor an einem sicheren Ort, in dem Sie alle Werte verstauen, die Ihnen wichtig sind.
- Erlernen Sie heute Fähigkeiten, die Sie in der Krise benötigen, um unabhängig von anderen zu sein (Handwerkliches, Gemüse-/Obstanbau, Hühnerzucht ...).
- Bauen Sie sich einen Bunker und legen Sie sich eine Grundnahrungsversorgung für mindestens zehn Jahre an.

- Kaufen Sie sich ein möglichst großes Grundstück, damit Sie im Ernstfall nicht nur leben oder Ihre Nahrung zu Großteilen selbst herstellen können, sondern im Ernst-Ernst-Ernstfall auch Ihre Fäkalien selbst entsorgen können!
- Oder, der vielleicht beste Tipp für alle, die Angst haben: Nehmen Sie an einem Seminar über positives Denken teil oder über die Führung eines sorgenfreien Lebens.

Es ist doch schon längst bewiesen: Die meisten Sorgen und Ängste machen wir uns unnötigerweise. Glauben Sie ernsthaft, die Finanzwelt bildet da eine Ausnahme? Natürlich nicht, aber es gibt einen guten Grund, warum Finanzexperten die Angstkarte aktiv ausspielen: Mit Angst fängt man Menschen – und damit auch ihr Geld. Warum sonst richten sich Finanzexperten mit ihren Tipps und Einschätzungen zu 99 Prozent an die geldstarke Kundenmasse? Warum geben sie der geldlosen oder geldschwachen Masse keinen Rat, der ihnen in ihrer Situation weiterhilft? Weil der, der etwas zu verlieren hat, einem eher folgen wird, wenn er Angst hat. Und weil der, der viel Geld besitzt, auch viel dafür ausgibt, es zu bewahren und zu vermehren.

Geldmenschen folgen dem Expertenrat – in der Hoffnung, dass ihr Geld hierdurch bestmöglich oder zumindest unbeschadet über den stürmischen Finanzozean kommt. Als ob es auch nur einen Steuermann gäbe, der dies vermag. Selbst Harry Markowitz, Wirtschaftsnobelpreisträger für eine Rechenregel, wie man Geld idealerweise aufteilen sollte, hielt sich mit seinem Geld nicht an die von ihm selbst erdachte ausgezeichnete Anlageregel. Warum? Sie war ihm einfach viel zu kompliziert.

Geld regiert die Finanzberater

> *Warum stehen Finanzberater bei der Frage, wem wir vertrauen, in diversen Studien immer auf einem der letzten Plätze?*

Was macht ein Autoverkäufer? Er verkauft Autos, sagt ja schon der Name. Kein Kunde würde beim Besuch eines Autohauses auf die Idee kommen, dass er individuell dazu beraten wird, welches Fortbewegungsmittel aufgrund seines Alltags, Budgets und seiner Lebensweise am besten zu ihm passt. Ein Autoverkäufer macht uns Autos schmackhaft. Das ist legitim, weil wir darum wissen.

Und wie ist das bei Finanzberatern? Von ihnen erwarten wir einen Rat zu unseren Finanzen, bekommen als Rat jedoch ein Produkt empfohlen, denn heutige Finanzberater sind Finanzproduktverkäufer. In meiner mehr als zwanzigjährigen Tätigkeit in der Finanzwelt habe ich entgegen der landläufigen Meinung allerdings noch KEINEN Finanzberater getroffen, der es ganz bewusst schlecht mit seinen Kunden meint. Sicherlich gibt es auch einige schwarze Beraterschafe, die nur ihren eigenen Vorteil suchen – auf Kosten ihrer Kunden. Die große Mehrheit jedoch, davon bin ich fest überzeugt, sind gute Menschen, die leider ständig unter Druck stehen und fremdbestimmt arbeiten. Geprägt von der Finanz-DNA und der jahrelangen Dauerbeschallung in ihrer Bank-Käseglocke glauben sie tatsächlich an die große Geld- und Finanzlehre und sitzen so manchem Irrglauben auf.

»Ich berate Sie individuell!«

Stimmt's? Würde man Sie wirklich individuell beraten, müsste der Finanzberater viel über Sie wissen. Wie soll er sonst einen Rat geben, der Ihnen in Ihrem Leben, bei Ihren Erfahrungen, Sorgen, Wünschen und Einstellungen wirklich weiterhilft?

Bei welchem Menschen aus Ihrem Familien-, Freundes- oder Bekanntenkreis trauen Sie sich selbst einen individuellen Rat zu, der der betreffenden Person auch wirklich weiterhilft?

Notieren Sie doch einmal, was Ihr Finanzberater über Sie weiß. Nicht selten reicht hierzu ein kleiner gelber Klebezettel. Wenn man bedenkt, dass zum Beispiel ein Privatkundenberater im Schnitt zwischen 1.000 und 1.500 Kunden betreut, stellt sich schon die Frage, ob eine individuelle Beratung bankseitig überhaupt gewünscht ist. Daher bleiben jedem Finanzberater automatisch nur zwei Möglichkeiten:

- zu versuchen, in Ihrem Leben globale Ansatzpunkte zu finden, mit denen der Verkauf von Finanzprodukten gerechtfertigt werden kann. *Sie wollen doch sicher auch, dass Ihre Kinder einen guten Start ins Leben haben und bestmöglich abgesichert sind?*
Ein eigenes Haus wäre doch auch was für Sie, oder?
- Ihr Geld zu »beraten« und es unabhängig von Ihrem Leben und dem zu betrachten, was Sie wollen.

Häufig ist es daher vollkommen egal, wen ein Finanzberater gerade berät: ob Rentner, Studentin oder ein Huhn mit 10.000 Euro – sein »Rat« ist fast immer derselbe. Individuelle Beratung ist somit oft schon rein theoretisch ein Ding der Unmöglichkeit.

Wie viele Finanzberater würden in der Regionalzeitung eine unterschriebene Erklärung veröffentlichen, dass sie jeden Kunden stets ehrlich, ohne Verkaufsdruck und individuell beraten haben?

»Ich berate Sie ganzheitlich!«

Klingt trendy, aber für eine wirklich ganzheitliche Beratung müsste sich Ihr Berater intensiv mit Ihrem Leben beschäftigen und Ihre Ziele und Wünsche aus ALLEN Lebensbereichen – Wohnen, Familie, Leben heute und im Alter – erfragen, konkretisieren, priorisieren und diese dann mit dem zur Verfügung stehenden Geld in Einklang bringen. Es macht einen großen Unterschied, ob Sie als Single leben oder eine vierköpfige Familie haben, ob Sie selbstständig oder angestellt sind, ob Sie noch Eltern haben, ein Haus, den Traum vom Auswandern oder, oder, oder. Ihr Leben muss stets der Anfang jeder Beratung sein (und zwar ausführlich!) und das Ziel jeder Empfehlung, dass sie auch zum Leben der Menschen passt, die in Ihrem Lebensmittelpunkt stehen.

Zum Beispiel muss man, wenn eine verheiratete Frau zur Altersvorsorge beraten werden soll, unbedingt auch ihren Ehemann einladen (umgekehrt natürlich auch). In vielen Fällen werden jedoch nur Einzelpersonen »beraten«. Eine zeitlich und menschlich intensive ganzheitliche Beratung, die im Zweifel auch gegen Bankinteressen verstieße (wenn der Kunde weder Geld noch Finanzprodukte für das braucht, was ihm wichtig ist), findet so gut wie nie statt. Wie auch, wenn die Finanzbranche mehr auf EDV-Lösungen und Standardisierung setzt als auf menschliche Beratung und Individualität?

»Ich nehme Ihnen Sorgen ab!«

Das Gegenteil ist häufig der Fall. Kunden bei ihren aktuellen Herausforderungen zu helfen geht nicht, wenn man diese gar nicht kennt. Es bleibt nur, nach globalen Beratungsgründen zu suchen. Diese (Produktverkaufs-)Gründe heißen daher häufig: Rentenlücke, Altersarmut, Familienabsicherung (bei Tod, Unfall, Berufsunfähigkeit) oder auch Wertverlust des Geldes (Inflation). Das alles sind Sorgen und Ängste, die der Kunde im Zweifel gar nicht hat, sondern eingeredet bekommt. Angst treibt – auch zur Finanzberatung. Und je größer die Angst, desto eher ist der Kunde zum Produktkauf bereit. Wer keine Angst hat zu verunglücken, zu sterben oder arbeitslos, bestohlen oder pflegebedürftig zu werden, schließt auch keine Versicherungen ab.

Übrigens, das Verrückte an Versicherungen ist: Die meisten Menschen schließen sie ab, weil sie Angst vor dem versicherten Risiko haben – etwa zu verunglücken. Die Angst vor dem Unfall ist um ein Vielfaches größer als die Angst vor den finanziellen Folgeschäden. Aber nur bei Letzteren helfen Versicherungen manchmal weiter. Viel sinnvoller wäre eine Versicherung gegen das Unglück im Leben. Doch leider (oder glücklicherweise?) gibt es die nicht.

Zum Vergleich: Welcher »Berater« einer anderen Branche verkauft so häufig nur über Angst? Kennen Sie einen Kleidungsverkäufer, der Ihnen Angst macht, dass Sie stark zunehmen könnten, und Ihnen daher rät, die von Ihnen gewünschte Hose am besten einmal in Ihrer heutigen Größe und einmal zwei Nummern größer zu kaufen?

Was würde ein Finanzberater wohl einem angstlosen Kunden »raten«, der ihm sagt: »Ich glaube ganz fest an den lieben Gott. Er passt immer auf mich auf. Mir passiert nichts, und sollte mir dennoch was passieren, bekomme ich das mit seiner Hilfe selbst in den Griff.«

99 Prozent aller Finanzberater würden gute globale Gründe suchen, den Kunden vom Gegenteil zu überzeugen:
- *Man weiß aber nie, was im Leben so passiert.*
- *Sie sollten für alle Fälle abgesichert sein. Ein Unfall kann jeden von uns treffen, und sterben müssen wir alle irgendwann!*
- *Denken Sie an Ihre Kinder: Sollen die unter Armut leiden, wenn Ihnen etwas zustößt?*

Finanzberater haben nie gelernt, vom individuellen Leben des Kunden aus zu denken und ihre Empfehlungen an dem auszurichten, was dieser denkt und für richtig hält.

> *Würden Finanzberater ihren besten Freund beraten, wären ihre Empfehlungen dann andere als die, die sie ihren Kunden geben?*

»Ich bin in Finanzfragen kompetent!«

Die meisten Finanzberater haben wenig Ahnung von Finanzen, sondern eher davon, wie man Produkte anpreist und die EDV bedient. Ihre Vorgesetzten und Ausbilder wissen, dass zum Beispiel die meisten Privatkundenberater kaum etwas zu Wertpapieren, Börsen oder allgemeinen Wirtschaftsfragen sagen, geschweige denn ihren Kunden erklären können. Fragen Sie Ihren Finanzberater doch mal, wo der DAX heute steht, was eine Inflation oder Deflation ist, welche Anlageklassen davon profitieren und was das alles für Auswirkungen auf Ihre Geldanlagen haben kann. Die Antworten könnten Sie überraschen.

Die Gründe für solche Inkompetenz sind vielschichtig. Finanzberater sind jahrelang rein produktbezogen ausgebildet worden, weil es ihrem Arbeitgeber nicht darum geht, dass sie Zusammenhänge zwischen Finanzpolitik, Finanznachrichten und den Anlagen ihrer Kunden herstellen (und diesen im Zweifel dann wichtige Hinweise geben, die der Bank keinen Ertrag bringen). Auch kenne ich zum Beispiel kaum Privatkundenberater, die den Finanz- und Wirtschaftsteil einer Zeitung durchlesen, geschweige denn die relevanten Fragen durchdenken. Wie kompetent Finanzberater wirklich sind, erkennen Sie an der Antwort auf die Schätzfrage, wie viel Prozent der Bankvorstände ihr Geld vertrauensvoll in die Hände ihrer eigenen Berater legen würden. Ich kenne keinen. Wissen Vorstände etwa mehr als ihre Kunden?

»Ich helfe Ihnen, mehr aus Ihrem Geld zu machen!«

Das Gerücht, dass ein Finanzberater weiß, wie man mehr aus dem Geld herausholt, hält sich genauso hartnäckig wie der Glaube, dass Spinat extrem viel Eisen enthält. Warum aber liegen heute über 70 Prozent des verfügbaren Geldes in kurzfristigen Anlagen wie Tages-/Termingeldern, wenn die Masse des Geldes erst in vielen Jahren benötigt wird und es sinnvollere Anlagemöglichkeiten gibt? Warum halten viele Finanzberater Aktien für riskant und Tagesgelder für sicher? Vielleicht liegt es daran, dass sie Aktien nicht als langjährige Sachwertanlage verkaufen, sondern nur als Spekulationsobjekt, das häufig umgeschichtet wird, um die Gebühreneinnahmen zu erhöhen. So wird das Kundengeld nicht mehr, sondern weniger.

Außerdem stellt sich gerade in Zeiten niedriger (kaum vorhandener) Zinsen ja die Frage, wie das überhaupt theoretisch gehen soll, risikolos aus Geld immer mehr Geld zu machen?! Wenn diese Finanzberater das tatsächlich könnten und wüssten, was sie da tun, warum müssen diese klugen Köpfe dann überhaupt noch arbeiten und für sich selbst Geld verdienen?

Geld regiert uns (Finanz-)Kunden

Wenn ich den Zauberspruch für unendlichen Reichtum hätte, würden Sie ihn wissen wollen? Wenn es ein Seminar gäbe, das Sie wirklich garantiert reich machte, würden Sie es besuchen?

Wir alle reagieren aufs Geld und seine Verlockungen. Wir spielen Lotto, obwohl die Wahrscheinlichkeit auf den Hauptgewinn bei 1 zu 140 Millionen steht und wir finanziell mehr davon hätten, wenn wir unseren Lottoeinsatz einfach in ein Sparschwein stecken würden. Wir wetten im Spielkasino oder Internet auf alles Mögliche, rubbeln Lose, nehmen an Preisausschreiben teil und suchen nach DEN Finanz- und Geldtipps. Alles in der Hoffnung auf viel fremdes Geld – mit geringem eigenem Geldeinsatz.

> *Was trifft uns heftiger: 5 Prozent Wertverlust in unserem Aktiendepot oder 5 Prozent weniger Zeit für unsere Freizeit?*

Waren wir Finanzkunden früher noch fleißige und treue Sparer, so sind wir heute One-Night-Bank-Kunden, unsere Nase täglich im Angebotswind, immer auf der Suche nach der höchsten Rendite. Haben wir es durch unser permanentes Bank-und-Anlage-Hopping tatsächlich geschafft, mehr Zinsen herauszuholen, als wir ohne eigenen Zeitaufwand bei einer Einmalanlage bekommen hätten, sind wir stolz wie Oskar. Nicht wenige erreichen hierdurch, übers Jahr gesehen, tatsächlich mehr, zum Beispiel 0,2 Prozent. Auf 10.000 Euro gerechnet sind das immerhin 20 Euro – jährlich und vor Steuern! Rechnet man die vielen Stunden dagegen, die diesen Mehrertrag möglich gemacht haben (Internetrecherche, Kontoeröffnung, Geldtransfer etc.), stellt sich die Frage, ob die investierte Zeit von vielleicht zehn Stunden im Jahr bei einem erzielten Stundenlohn von (in meinem Beispiel) 2 Euro gut investiert wurde. Befindet sich unsere Freizeit auf Ramschniveau oder ist sie uns selbst so wenig wert, dass wir sie verplempern und sogar unter dem gesetzlich vorgeschriebenen Mindestlohn arbeiten?

> *Wollen Sie ein Vermögen oder Menschen, die Sie mögen?*

Warum versuchen wir überhaupt andauernd, für unser Geld ein neues Zuhause in Form einer neuen Anlageform zu finden? Zeit unseres Lebens schicken wir unser Geld auf Wanderschaft – immer auf der Suche nach dem lukrativsten Anlageort. Für unsere Euroschäfchen wollen wir nur das Beste, damit sie nicht ab-, sondern lieber ordentlich zunehmen. Ist auf der Tagesgeldweide aktuell kein Zins zu holen, scheuchen wir unsere Herde auf die Anleihekoppel. Werden unsere Euros dort nicht mehr satt, geht's zur Fondswiese und so weiter ... Nicht selten teilen wir unsere Herde sogar »clever« auf. Wer behält da den Überblick?

Unser Finanzberater, der quasi als Hund agiert, unsere Herde zusammenhält, sie automatisch dahin führt, wo es genug Rendite zu fressen gibt, und sie vor Gefahren wie dem Crashfuchs oder Inflationswolf schützt? Erstens ist das selbst bei einer kleinen Herde für einen Hund eine extrem schwere Aufgabe, und zweitens gibt es diesen Service natürlich nicht umsonst. Wir müssen schon damit leben, dass der aufpassende Hund ab und an zum reißenden Wolf mutiert, weil auch er ja von etwas leben muss.

Vielleicht rennen wir dem Geld wenigstens nicht mehr so häufig hinterher und nehmen es nicht mehr ganz so wichtig. Ebenso sollten wir zumindest nicht mehr so oft auf der Finanzautobahn unterwegs sein, auf der so unfassbar viel los ist, dass weder jemand weiß, wie viele Verkehrsteilnehmer es gibt, noch, welche Ziele sie ansteuern oder wie sich die Finanzwetterlage entwickelt. Während Banken, Fonds oder Staaten hier mit Rennwagen unterwegs sind, sitzen wir Kleinanleger auf einem Bobbycar. Wer hat wohl die besseren Chancen, das Renditerennen zu gewinnen?

Warum lassen wir die anderen nicht einfach ihr eigenes Rennen fahren und kümmern uns lieber um das, was uns erfüllt, wo wir uns auskennen und wofür es sich lohnt, jeden Morgen neu aufzustehen: unser eigenes Leben!

Zeit für ein kurzes Fazit

»Geld regiert die Welt.«
»Wir leben zu oft fremdbestimmt und in ungewollten Abhängigkeiten.«
»Wir geben unsere Verantwortung zu häufig unnötig an ›Experten‹ und Finanzprodukte ab.«

Was denken Sie, hat das eben Gelesene ganz konkret mit Ihrem Leben zu tun? Finden Sie es heraus, wenn Sie mögen.

Wie viel Einfluss hat Geld auf mein Leben?

Ausgehend von 100 Prozent:
- ___ Prozent meines Geldes setze ich ganz bewusst Glück bringend ein.
- Bei ___ Prozent weiß ich nicht genau, ob es mein Leben wirklich bereichert.
- ___ Prozent führen, wenn überhaupt, nur zu sehr kurzfristig erkauften Glücksgefühlen.

Wie viel Euro bräuchte ich mehr pro Monat, um genau das Leben
führen zu können, das ich eigentlich gern führen möchte?
- _____ Euro

Für wie viel Prozent meines gesparten Geldes/Vermögens kann ich heute keinen konkreten Sinn/Verwendungszweck nennen, wofür ich es später einmal brauchen werde?
- ___ Prozent

Wie viel Prozent meines Geldes, das ich für Konsumgüter einsetze, macht mein Leben tatsächlich besser (länger als für ein paar Augenblicke)?
- [ ] 100 bis 75 Prozent
- [ ] 50 bis 75 Prozent
- [ ] weniger als 50 Prozent

Wie viel Prozent meines Besitzes
- belastet mich? ____ Prozent
- liegt nutzlos irgendwo herum? ____ Prozent
- kenne ich gar nicht mehr? ____ Prozent
- nutze ich regelmäßig? ____ Prozent

Wie oft lebe ich fremdbestimmt/in Abhängigkeit von anderen?

- [ ] sehr oft
- [ ] oft
- [ ] manchmal
- [ ] nie

Wann genau? _____

_____

Von wem oder was? _____

_____

Wie viel Prozent meines Lebens habe ich mir selbst ausgedacht und frei gewählt? Von wem kommt der andere Rest?
- ____ Prozent von mir

- _____ Prozent von _____

Welche meiner Entscheidungen habe nur ich bestimmt?
Welche wurden stark von außen/von anderen
beeinflusst?

	Ich	Andere
Partnerwahl	☐	☐
Ausbildung/Studium	☐	☐
Berufswahl	☐	☐
Wohnungswahl	☐	☐
Kinder ja/nein	☐	☐
Kindererziehung	☐	☐
Hobbywahl	☐	☐
Wahl der Freunde	☐	☐
Arztwahl	☐	☐
Gesundheitsvorsorge	☐	☐
Urlaubsziele	☐	☐
Konsumgüter	☐	☐
_____	☐	☐

Wenn ich an meine Finanzprodukte denke, wer hatte den
größeren Anteil daran, dass ich diese abgeschlossen habe?

☐ Ich
☐ Andere (wer? _____)

Welche Ansichten, Vorprägungen meiner Eltern
habe ich automatisch übernommen? Welche bereichern
mein Leben? Welche habe ich freiwillig nicht
übernommen?

	Bereichert	Stört
_____	☐	☐
_____	☐	☐
_____	☐	☐
_____	☐	☐
_____	☐	☐

Bei welchen Themen sorge ich mich? Welche davon kommen wirklich von mir? Welche habe ich von anderen übernommen? Welche wurden bewusst von anderen geschürt?

	Real vorhanden	Künstlich erzeugt
☐ Unfall	☐	☐
☐ Tod	☐	☐
☐ Krankheiten	☐	☐
☐ Berufsunfähigkeit	☐	☐
☐ Einbruch	☐	☐
☐ Diebstahl	☐	☐
☐ Kinderverletzungen	☐	☐
☐ Pflegefall	☐	☐
☐ Behinderungen	☐	☐
☐ Geldwertverlust	☐	☐
☐ Armut	☐	☐
☐ Altersarmut	☐	☐
☐ Arbeitslosigkeit	☐	☐
☐ Trennung	☐	☐
☐ _____	☐	☐

Welchen Experten(meinungen) folge ich, ohne sie selbst zu hinterfragen?

_____

_____

_____

_____

Welche Art von Nachrichten beeinflusst meine Sicht aufs Leben oder meine Entscheidungen?

	Positiv	Gar nicht	Negativ
• Politik	☐	☐	☐
• Wirtschaft	☐	☐	☐
• Krieg	☐	☐	☐
• Unfälle	☐	☐	☐
• Börse	☐	☐	☐
• Sport	☐	☐	☐
• Promi-News	☐	☐	☐
• _____	☐	☐	☐
• _____	☐	☐	☐
• _____	☐	☐	☐
• _____	☐	☐	☐

Welchen Einfluss haben Finanzprodukte auf mein Leben?

Besitze ich hiervon gefühlt eher:
- ☐ zu viele?
- ☐ zu wenige?
- ☐ gerade passend?

Zahle ich dafür gefühlt (zum Beispiel monatlich) eher:
- ☐ zu viel?
- ☐ zu wenig?
- ☐ gerade passend?

Aus dem Bauch heraus: Wie viel Prozent meiner Finanzprodukte haben einen ganz konkreten Mehrwert für ein Ziel/einen Wunsch in meinem Leben?
- ___ Prozent

Ganz subjektiv eingeschätzt: Wie viel Prozent meiner Finanzprodukte verstehe ich und kann sie mit eigenen Worten erklären?
- [ ] 100 Prozent
- [ ] 50 Prozent
- [ ] 0 Prozent

Das Geld, das ich für Versicherungen ausgebe,
- [ ] entspricht in etwa der Höhe meiner Sorgen.
- [ ] ist im Vergleich zu meinen Sorgen viel zu viel.
- [ ] hat mit meinen Sorgen wenig/nichts zu tun.

Normalerweise finden Sie am Ende solcher Selbsttests irgendeine Form von Auswertung. Das kann ich Ihnen nicht bieten, weil es bei allen Fragen keine richtigen oder falschen Antworten gibt – nur persönliche.

Ich bin davon überzeugt, dass jeder von uns geldabhängig und fremdbestimmt ist – jeder in einer anderen Intensität und in anderen Momenten. Aber das ist gar nicht unser größtes Problem. Viel schwerer wiegen folgende Erkenntnisse:

- Wir sind uns dieser externen Einflüsse im alltäglichen Leben kaum bewusst.
- Wir steuern dementsprechend nicht gegen, wenn diese Einflüsse dafür sorgen, dass wir uns entgegengesetzt zu unserem Glück verhalten.
- Wir lassen uns so von unserem eigentlich möglichen Leben ablenken.

Vielleicht sind Sie für diese Themen bereits sensibler geworden. Die kleinste Erkenntnis vermag unsere Einstellungen wie unser Verhalten zu verändern und bringt uns unserer wahren finanziellen Unabhängigkeit ein Stück näher. Wenn sie von uns, von innen, kommt und wieder dorthin zurückführt, bewegen wir uns in die richtige Richtung – zu uns selbst und UNSEREM LEBEN!

Zweiter Teil:
Leben

Geld und unser Leben

Nutzen wir die Erkenntnisse des ersten Teils direkt für uns und werfen einen Blick auf einige der wichtigsten Gedanken darin.

Geld
Wir räumen Geld eine (zu?) große Rolle ein, beschränken dadurch uns selbst sowie unsere eigenen Möglichkeiten und denken, Geld würde unser Leben automatisch erleichtern beziehungsweise verschönern.

Abhängigkeiten
Wir richten unser Leben nach äußeren Faktoren aus und binden unser Glück oft nur an materielle Güter oder käufliche Erlebnisse.

Finanzprodukte
Wir kaufen zu viele Produkte und entledigen uns grundlos Teilen unserer Verantwortung – ohne garantierte Gegenleistung.

Fremdbestimmung
Wir folgen den Meinungen und Weisheiten anderer und richten uns unbewusst danach aus, ohne zu fragen, ob wir die Ziele fremder Navigationssysteme auch erreichen wollen.

Welche Auswirkungen haben diese Erkenntnisse auf uns?
Nun, verhalten wir uns dementsprechend, sieht unser Leben aus der Vogelperspektive betrachtet wie folgt aus:

Klare Ziele oder Wünsche? Häufig Fehlanzeige!

Wir wissen – spontan befragt – nur ganz selten, wie wir uns unser Leben genau vorstellen beziehungsweise haben nur wenig vor Augen, was uns wirklich wichtig ist. Dadurch ist es nur folgerichtig, dass der Lebensweg extrem schmal ist, auf dem wir Ziele und Wünsche aus eigener Kraft erreichen können. Wenn man nichts hat, was einen von innen heraus antreibt, setzt man dafür natürlich auch persönlich nichts in Bewegung.

Was unser Leben in diesem Fall automatisch dominiert, ist der Geldweg. Hierauf sind wir häufig unterwegs, starten damit unsere Reise ohne eigenes inneres Ziel im Blick und kommen logischerweise auch nur dort an, wo das Geld uns hinführt beziehungsweise bis wohin uns unsere Euros tragen. Wir nehmen so nur Dinge wahr, die mit Geld zu erreichen sind. Unsere kurze Reise zum (Konsum-)Glück endet jedoch schlagartig, wenn uns das Geld ausgeht.

Weil wir Weltmeister im Kauf von Finanzprodukten sind, nutzen wir mit Teilen unseres Geldes parallel diese Spur, die uns irgendwohin führt – wohin eigentlich genau? Wollen wir hierauf überhaupt unterwegs sein, oder wurden wir hierzu nur überredet?

Ob wir über diese Art der Wegnutzung ein glückliches und zufriedenes Leben erreichen, das auch für möglichst lange Zeit Bestand hat? **Warum ist unser Leben so häufig nur auf Geld aufgebaut?** Wir müssten doch wissen, dass Geld Leben begrenzt, weil es selbst begrenzt ist. Ist Geld die zwingende Grundvoraussetzung für ein zufriedenes Leben? Geht dies nicht auch mit wenig oder in Teilen sogar ganz ohne Geld?

Wenn wir jeden Geldschein einzeln betrachten und uns fragen, wie viel Leben wir uns damit »leisten« können, hat Geld uns wirklich in der Hand. **Doch was käuflich ist, macht nicht automatisch glücklich.** Und große Teile des Glücks sind sowieso nicht käuflich.

Leben wir *unser* Leben oder eines, das wir uns leisten können?

Geld ist nur Mittel zum Zweck. Es hat nur eine Aufgabe: ins Leben zurückgetauscht zu werden. Jeder Euro, den wir verdienen, finden, geschenkt oder vererbt bekommen, hat einen Verwendungszweck, eine Bestimmung, einen Sinn. Dass kein Cent sinnlos ist, erkennen wir spätestens dann, wenn man uns fragen würde: »Wenn Sie die 1.000 Euro auf Ihrem Sparbuch, die Sie nach eigener Aussage ›über‹ haben, weder heute noch in Zukunft ausgeben wollen, würden Sie mir das Geld dann schenken?«

Nein? Und warum nicht?

Geld behält man, auch wenn man so viel davon besitzt, dass es für zwei Leben reichen würde, oder? Dabei zeigen viele empirische Studien, dass Bewohner reicher Länder auf der Glücksskala nicht weiter oben stehen als Bewohner ärmerer Regionen unserer Erde. **Glück ist häufig eine Frage des Blickwinkels und manchmal eine Frage des Vergleichs.** Nicht selten ist die Zufriedenheit mit unserem eigenen finanziellen

Wohlstand erst dann groß, wenn wir uns mit Menschen vergleichen, die weniger haben. Und blicken wir zu Menschen mit (viel) mehr Geld, nimmt unsere Wohlstandszufriedenheit automatisch ab. Merkwürdig, oder? Was hat der Kontostand eines anderen mit unserem Leben und unserer Zufriedenheit zu tun?

Geld kann nur ein Zwischenschritt sein und erst dann zu Glück werden, wenn wir es lebendig machen – weniger Konsum und Besitz, mehr Lebenserfahrung und selbst gelebtes Glück. Wenn wir unser Geld in Erlebnisse investieren, die uns glücklich machen, profitieren wir doppelt – zuerst im Augenblick des Erlebens und später, wenn aus dem Erlebten Erinnerungskapital wird. Dieses Kapital wird im Laufe unseres Lebens niemals weniger, nur mehr. Auch, weil wir es teilen – mit anderen Menschen, von deren eigenem gesammelten Erinnerungskapital wir ebenso profitieren dürfen. Und es zahlt uns laufend Zinsen, wenn wir es in Gedanken betrachten: in Form von erinnertem Glück. Häufig ist Glück sogar kostenlos zu haben. Und selbst wenn wir Geld dafür aufwenden, bieten sich unzählige Alternativen für eine möglichst hohe »Lebensrendite«.

Geld ist eben kein automatischer Glücksbringer. Und wie sieht es mit Finanzprodukten aus? Nehmen sie uns automatisch unsere Sorgen ab, lassen sie uns garantiert angstfrei leben, vermehren sie unser Geld endlos ohne Risiko? NEIN!

Finanzprodukte sind Hilfsmittel, um bestimmte Lebensziele und -wünsche zu erreichen. Ein Finanzprodukt ist nur dann eine Unterstützung, wenn es einen *ganz genauen* Grund dafür in Ihrem Leben gibt. Haben Sie ein bestimmtes Ziel, einen konkreten Wunsch oder eine tatsächlich vorhandene Sorge, kann Ihnen ein Finanzprodukt weiterhelfen. *Kann*, denn Finanzprodukte passen sich nicht automatisch an Ihr Ziel, Ihren Wunsch oder Ihre Sorge an, nur weil Sie diese abschließen.

Ein Finanzprodukt ist ein feststehendes Angebot mit (meist) genauen Bedingungen und viel Kleingedrucktem.

Sie können es genau dann in Betracht ziehen, wenn Sie bei irgendetwas in Ihrem Leben Unterstützung benötigen, bei dem Sie allein oder mit der Hilfe anderer nicht weiterkommen. Kein Mensch braucht zum Beispiel einen Bausparvertrag – es sei denn, man hat im Wohnzimmer eine leere Wand, um dort die Bausparurkunde aufzuhängen. Oder man möchte sich den Traum von den eigenen vier Wänden erfüllen oder diese modernisieren beziehungsweise renovieren. Dann kann ein Bausparvertrag sinnvoll sein. *Kann*, muss es aber nicht, nur weil Ihnen das jemand erzählt oder Sie den Erfahrungen oder Meinungen anderer blind vertrauen.

»Geiz ist geil« war gestern. »Geist ist geil« ist heute!

Warum nehmen wir unser Leben nicht zu hundert Prozent selbst in die Hand und bauen es auf dem auf, was uns wirklich wichtig ist? Erst danach sollten wir uns fragen, wie wir unsere Ziele und Wünsche erreichen – mit oder ohne Geld. Hierfür müssen wir nur unseren Blickwinkel verändern. Manchmal scheint es, als würden wir wie Ameisen herumrennen und nur das Auge fürs Detail besitzen. Aus dieser Sicht ist es kein Wunder, dass selbst kleine Körner zu großen Hindernissen werden. Warum erheben wir uns nicht wie ein Adler in die Lüfte und nehmen das große Ganze wahr? Vom Boden der (scheinbaren) Tatsachen, dem Mikroblick, auf in die Weiten der (vorhandenen) Möglichkeiten, auf zum Makroblick! Hierdurch entdecken wir eine Vielzahl neuer Möglichkeiten für Ziele und Wünsche, die uns wirklich bewegen, und können den Geldweg sowie unseren Lebensweg darauf ausrichten, zum Beispiel so:

Wenn wir wissen, was wir für unser Leben(sglück) benötigen, sollten wir uns zuerst mit persönlicher Aktivität auf den Weg zu unseren Zielen und Wünschen machen. Vieles lässt sich allein aus eigener Kraft erreichen. Wenn nicht, können wir die Spur wechseln und unser Geld wirklich geZIELt nutzen. Dieses Geld ist perfekt eingesetzt, weil es einen konkreten Verwendungszweck und einen Sinn für unser Leben besitzt. Und für die wenigen Ziele, die wir weder durch persönliche Aktivität noch mit Geld erreichen, können wir Finanzprodukte nutzen. Diese gezielt durch uns ausgewählten Finanzprodukte führen uns plan- und einschätzbar wie auf Schienen nur zu einem klar definierten Ziel: unserem eigenen.

Ein kurzes Beispiel: Nehmen wir an, es wäre Ihr Ziel/Wunsch, gesund zu sein und es auch zu bleiben. Welchen Weg würden Sie hierfür zuerst betreten? Gut, wenn Sie ein ernsthaftes, dringendes Gesundheitsproblem haben, das schnellstmöglich behoben werden muss, wäre es fahrlässig, nicht direkt den Geldweg zu beschreiten und einen Arzt zu konsultieren. Aber sonst? Ist es nicht sinnvoll, zuerst selbst zu überlegen, wie man gesund bleibt und was man aus eigener Kraft dafür unternehmen kann? Gesundheit können wir in vielen Bereichen direkt erlangen beziehungsweise bewahren. Im ersten Schritt durch Verzicht auf Gesundheitsschädliches. Das schließt ja nicht aus, dass wir auch Geld für unser Gesundheitsziel einsetzen – aber erst in Schritt vier oder fünf. Auch zu unseren Zielen passende Finanzprodukte können hilfreich sein – aber erst in Schritt sechs oder sieben. Beginnen kann man fast immer mit mehr eigener Aktivität: (Denk-)Sport, bewusster Ernährung, positivem Denken ...

Nur weil wir uns der unzähligen Möglichkeiten auf dem Lebensweg nicht immer bewusst sind und zu wenig Ver- und Zutrauen in uns selbst haben, sind wir so häufig auf dem Geldweg unterwegs – und damit manchmal auch auf dem Holzweg.

Der Geldweg muss natürlich kein Sperrgebiet für uns sein. Jeder von uns benötigt zum Beispiel Nahrung und gibt dafür einen Teil seines Geldes aus. Aber wie viel? Wofür genau? Und welche Alternativen zum Kauf übersehen oder nutzen wir nicht? Ebenso braucht jeder ein Dach über dem Kopf. Wo es sich befindet, wie es außen und innen aussieht, wer mit uns darin wohnt, das alles ist frei wählbar. Und wer sagt denn, dass ein Haus immer glücklicher macht als eine Mietwohnung? Bringt das Haus für uns auch einen adäquaten Glücksgegenwert mit sich, der den hohen Geldeinsatz rechtfertigt? Es ist eben nicht eine Frage des »Ob«, sondern des »Wie« und »Wofür«, wie wir unser Geld verwenden und ob sich sein Einsatz für unser Lebensglück lohnt.

Welches Bedürfnis befriedigen wir zum Beispiel, wenn wir uns ein neues großes Auto kaufen? Schlafen wollen wir darin sicher nicht, und von A nach B können wir uns auch anders bewegen (zum Beispiel mit einem kleineren Auto). Es gibt viele Dinge, die wir uns mit Geld einfach »gönnen«, Dinge, die uns unterhalten, uns die Anerkennung anderer bringen oder die uns dabei helfen, uns selbst zu verwirklichen. Aber lassen sich diese Bedürfnisse nicht auch anders »stillen«? Geldloser, natürlicher und dadurch manchmal sogar Glück bringender? Vielleicht hilft ein kurzer Blick zur Seite, damit wir uns (wieder?) bewusst machen, worum es in unserem Leben eigentlich wirklich geht.

Warum denken wir, was wir denken, und tun, was wir tun?

Entspringen unsere Gedanken stets unterschiedlichen Impulsen? Führen sie somit auch stets zu unterschiedlichen Zielen? Handeln wir zufällig so, wie wir es eben tun? Oder gibt es das eine Ziel, dem jeder Gedanke und jede Handlung folgt? Ein Ziel, von dem beide automatisch angezogen werden, wenn wir nicht eingreifen?

Nein, Geld ist es nicht. Die folgenden Gedankenketten zeigen Ihnen, was für mich das eine Ziel ist, dem wir alle folgen – sofern wir es zulassen.

»Ich möchte mir einen neuen Fernseher kaufen.«
Warum ist mir das wichtig?
Zum Beispiel weil ein neuer Fernseher ein schärferes Bild hat oder größer ist als der alte.

Warum ist mir das wichtig?
Weil ich so meine Lieblingsserien oder -filme mehr genießen kann.

Warum ist mir das wichtig?
Weil ich mich dann tagsüber noch mehr aufs Fernsehen freue.

Warum ist mir das wichtig?
Weil ich auf diese Weise gut vom Tag abschalte.

Warum ist mir das wichtig?
Weil ich so entspanne und neue Energie tanke.

Warum ist mir das wichtig?
Weil ich mich dann besser fühle.

Warum ist mir das wichtig?
Weil ich dann glücklich bin.

Warum ist mir das wichtig?
Na, weil ich dann glücklich bin. Was sonst!?

»Ich möchte Zeit mit meinem Partner verbringen.«
Warum ist mir das wichtig?
Zum Beispiel weil ich gern mit ihm/ihr zusammen bin.

Warum ist mir das wichtig?
Weil wir uns dann noch näherkommen.

Warum ist mir das wichtig?
Weil wir dann Spaß haben und zusammen lachen.

Warum ist mir das wichtig?
Weil ich dann glücklich bin.

Warum ist mir das wichtig?
Na, weil ich dann glücklich bin. Was sonst!?

Ich könnte viele weitere Beispiele mit entsprechenden Antwortalternativen auflisten. Sie alle hätten das gleiche Ende, wenn wir uns fragen, warum wir etwas denken oder machen wollen: damit wir glücklich oder zufrieden sind. Bewusst schreibe ich »oder«, weil jeder von uns einer eigenen Interpretation von Glück und Zufriedenheit folgt. Für die einen ist Glück das gegenwärtige gute Gefühl, das glückliche Leben im Heute, Zufriedenheit dagegen die Lebensbilanz der Vergangenheit, aller gesammelten Glücksgefühle. Für andere ist Glück alles, was uns emotional berührt, und Zufriedenheit alles, was wir durchdenken und in unserem Sinne als positiv bewerten. Für wiederum andere kann man ohne Zufriedenheit kein Glück empfinden und umgekehrt. Entscheiden Sie selbst, wie Sie das Ziel Ihrer Gedanken und Handlungen nennen: Glück, Zufriedenheit oder ganz anders. Leben ist das, was wir daraus machen. Ich schreibe gleich vom Glück, weil mich das »ü« an ein Lächeln erinnert.

Was auch immer wir denken oder tun: Am Ende wartet das Glück auf uns – oder eben nicht. Natürlich führen uns manche Gedanken oder Handlungen nicht zum Glück, sondern irgendwo anders hin. Wenn dies der Fall ist, macht es absolut Sinn, wieder an den Anfang zurückzugehen und zu fragen: Macht das, was ich vorhabe, für mich *wirklich* Sinn?

Was heißt Glück für mich?

Welche zehn Dinge fallen Ihnen spontan ein, die Sie jetzt aktuell glücklich machen würden?

1. _____

2. _____

3. _____

4. _____

5. _____

6. _____

7. _____

8. _____

9. _____

10. Buch weiterlesen

Ganz gleich, was es ist, ob ein spontaner Karibikurlaub, eine Tasse Tee, fünf Minuten absolute Stille oder ein Konzertbesuch: Sie könnten jedes dieser Dinge jetzt darauf überprüfen, ob es Sie wirklich glücklich macht (etwa mit der Fragenkette »Warum ist mir das wichtig?«). Sie könnten sich ebenso fragen, wie glücklich Sie dieses oder jenes machen würde, zum Beispiel auf einer Skala von 1 (glücklos) bis 10 (absolute Glückseligkeit). Sie könnten auch Alternativen suchen, die mindestens den gleichen Glückseffekt besitzen (bei gleichem oder geringerem Geldeinsatz):

- [ ] Eine Woche Karibik oder drei Wochen Ostsee?
- [ ] Badminton spielen oder joggen gehen?
- [ ] Theaterbesuch oder Kinoabend zu Hause?

Das Geniale: Glück besitzt keine feste Form. Es gibt keine Glücksnorm, keinen Standard. Glück ist frei definierbar: durch uns.

Wie erreiche ich mein Lebensglück?

Wenn wir wissen, was uns glücklich macht, müssen wir »nur noch« Wege finden, auf denen wir unser Glück erreichen. Geld und Finanzprodukte sind nur zwei Schieberegler auf dem großen Mischpult des Glücks. Warum nutzen wir nicht häufiger die anderen, die uns nichts kosten – außer ein wenig Zeit und Kreativität? Was wäre, wenn jeder Glücksmoment, den Sie in Ihrem Leben bisher schon erlebt haben, den Gegenwert von einen Euro hätte? Was schätzen Sie: Wie hoch wäre heute Ihr Kontostand? Wären Sie schon Glücksmillionär?

Glück statt Geld. Zufriedenheit statt Zinsen. Darum soll es jetzt gehen. Das bedeutet nicht, dass Sie geldlos oder konsumfrei leben sollten oder alle Ihre Finanzprodukte kündigen müssen. Es genügt, wenn Sie die eingangs erwähnte Lebenspyramide nicht automatisch auf dem Kopf stehen lassen, sondern sie auf festen Boden stellen und sie in Ihrem Sinne verändern, zum Beispiel so:

1. Lebensziele 🧭 = Wie will ich leben?

Ich weiß, wie ich mein Leben wann gestalten möchte, weil ich mir ausreichend Zeit nehme und mich auf eine innere Entdeckungsreise begebe. Mir ist klar: Erst wenn ich weiß, was mir wirklich wichtig ist, habe ich eine echte Basis, um möglichst oft glücklich zu sein und zufrieden zu leben.

2. Persönliche Aktivitäten 🏃 = Was kann ich aus eigener Kraft für mein Leben unternehmen?

Wenn ich meine inneren Ziele und Wünsche kenne, überlege ich *zuerst*, was ich durch persönliche Aktivitäten selbst dafür tun kann, um sie zu erreichen.

3. Geld 🪙 = Wie nutze ich mein Geld sinnvoll für meine Ziele und Wünsche?

Geld nutze ich erst im zweiten Schritt, und zwar so, dass es mich tatsächlich dabei unterstützt, das zu erreichen, was ich innerlich wirklich will.

4. Finanzprodukte 📄 = Wobei könnten mich Finanzprodukte hilfreich unterstützen?

Erst wenn ich meine Ziele und Wünsche weder aus eigener Kraft noch mit Unterstützung meines Geldes erreiche, suche ich nach passenden Finanzprodukten, die genau das abdecken, was mir zu meinem Glück noch fehlt.

Der zweite Teil dieses Buches widmet sich ganz bewusst den Grundlagen für die ersten beiden (und wichtigsten!) Fragen:

»Was will ich?«   »Was kann ich aus eigener Kraft für mein Leben unternehmen?«

Beides klingt einfacher, als es in der Praxis ist. Daher möchte ich gleich zweierlei:
1. Ihnen Mut machen, an sich und Ihre Fähigkeiten zu glauben, weil nur Sie es sind, der über Ihr Glück entscheidet (und nicht Geld oder Finanzprodukte).
2. Ihr Interesse wecken, Ihr Leben aktiv(er) anzupacken und im Rahmen Ihrer (unbekannten?) Möglichkeiten das Beste für sich herauszuholen.

Im Folgenden möchte ich Sie motivieren und Ihnen verdeutlichen, dass die finanzielle Unabhängigkeit tatsächlich möglich ist – und zwar vollkommen selbstbestimmt durch Sie selbst. Das Einzige, was Sie hierzu benötigen, sind ein (neues?) Selbstverständnis und ein (klareres?) Bewusstsein für das, was Sie als Mensch auszeichnet und was Ihr Leben aus- und einzigartig macht.

Nutzen Sie die folgenden Anregungen gern zum Aufwärmen, um sich der eigenen Möglichkeiten bewusst(er) zu werden und sich bereits gedanklich auf den Weg zur wahren finanziellen Unabhängigkeit zu machen, der wir uns im dritten Teil dann ganz praktisch und konkret nähern.

Die fünf wahren Schlüssel zur finanziellen Unabhängigkeit

Meine vielfältigen Erfahrungen mit unzähligen Menschen haben mir klargemacht, dass wir alle trotz unser Individualität sozusagen die gleichen fünf Schlüssel besitzen, mit denen wir die inneren Türen zu unserem Glück öffnen können, um unsere eigenen Antworten zu finden. Diese fünf Schlüssel, mit denen wir auch zur wahren finanziellen Unabhängigkeit gelangen, heißen: **Leichtigkeit, Einzigartigkeit, Bewusstsein, Eigenverantwortung, Natürlichkeit.** Das Beste: Für ihre Nutzung müssen Sie weder Geld ausgeben noch ein viermonatiges Intensivseminar besuchen. Alle fünf sind in uns – automatisch von Geburt an. Wir müssen sie und ihre jeweils drei Leitgedanken nur wahrnehmen und aktiv nutzen.

1. Leichtigkeit bedeutet:
Wir sind frei vom Gedanken, dass uns Geld automatisch glücklich macht

Freiheit. Kein anderes Wort lässt so viel Raum und Luft in unser Leben. Frei zu sein bedeutet für jeden etwas anderes. Nur wenn wir ohne starre Grenzen leben – äußerliche wie innerliche –, sind wir unabhängig, können alle Möglichkeiten nutzen und haben die Wahl, unser Leben so zu gestalten, wie wir es für richtig halten. Freiheit ist unbezahlbar – und doch zahlen wir einen Preis dafür, wenn wir sie uns nehmen. Sind wir wirklich frei von den Vorgaben unseres Chefs? Frei von den Anforderun-

gen unserer Kunden? Frei von den Erwartungen unseres Partners? Frei von den (berechtigten?) Wünschen unserer Kinder, Freunde, Eltern an uns? Frei von Ansprüchen? Welche Freiheiten »gönnen« wir uns? Was ist der Preis dafür? Und wann geben wir einen Teil unserer Freiheit auf, bekommen dafür aber etwas anderes, das viel wichtiger für uns sein kann, wie zum Beispiel Liebe, Anerkennung, Dankbarkeit oder Freundschaft? Vielleicht werden wir uns bewusster, wie viel Freiheit wir wofür brauchen, wann wir sie gerne in Teilen abgeben oder wovon wir uns unsere Freiheit nicht nehmen lassen wollen. Wenn wir die Abhängigkeiten abstreifen, die uns Freiheit stehlen, leben wir leichter und können unser Leben befreit genießen.

Erster Leitgedanke:
Ich weiß, dass Geld nur Mittel zum Zweck ist

Geld allein ist vollkommen nutzlos, wenn wir es nicht ins Leben zurücktauschen. Geld, dem wir keinen Sinn geben, ist sinnlos. Darum sollten wir uns auch nicht vom Geld abhängig machen, nicht danach gieren oder es zu unserem Lebensziel erklären, irgendwann so viel Geld zu besitzen, dass wir es in unserem Leben sowieso nicht mehr ausgeben können. Es geht immer um unser individuelles Glück. Dies so oft wie möglich zu erreichen sollte unser wahres Lebensziel sein.

Mit diesem Bewusstsein lebt es sich viel freier, unbeschwerter und leichter, weil wir nicht mehr nach DEM ultimativen Geldvermehrungsweg suchen und nicht permanent überlegen müssen, auf welche saftige Anlageweide wir unsere hungrigen Euroschäfchen als Nächstes führen müssen.

Wenn wir uns nicht vom Geld (ver)führen lassen, haben wir freien Blick auf unser Leben. Und damit auf eine viel wichtigere Frage als die, wie aus Geld immer mehr Geld wird: Wie nutze ich mein Geld zum Glücklichsein, und welches Glück gibt's umsonst?

**Zweiter Leitgedanke:
Ich weiß, dass auch Konsum kein dauerhaftes
Glück bringt, sondern nur (kurzfristige) Glücksgefühle
verursachen kann**

Klar macht es Spaß zu konsumieren. Und natürlich ist nicht jeder Konsum zu hundert Prozent von uns durchdacht und immer logisch nachvollziehbar. Muss er ja auch nicht. Aber es wäre doch ganz schön, wenn dies wenigstens teilweise zuträfe.

Würden wir uns genau überlegen, welchen Konsum wir brauchen, um zufrieden/glücklich zu sein, würde es uns ein großes Stück weiterhelfen. Einerseits bräuchten wir weitaus weniger Geld als heute, weil wir bewusster konsumieren würden. Andererseits wären wir mit dem Konsum, den wir uns dann leisten, vermutlich auch längerfristig glücklich. Sicherlich kennen Sie das auch aus eigener Erfahrung: Die Dinge, für die wir längere Zeit gespart und vielleicht sogar noch auf andere Sachen verzichtet haben, besitzen für uns einen höheren (immateriellen!) Wert als die Dinge, die wir aus einem spontanen Impuls heraus »einfach mal so« gekauft haben.

Vieles ist allein eine Sache des (Durch-)Denkens. Hier liegt allerdings nicht selten das Problem, denn für viele (Konsum-) Investitionen nehmen wir uns einfach zu wenig Bedenkzeit. Häufig versinken wir in der Reizüberflutung, treibt uns der dringende Kaufimpuls, das »Sofort haben wollen«-Bauchgefühl und überschwemmt den Kopf mit einer Welle überwältigender Glücksgefühle, sodass er gar nicht anders kann, als »Ja, kauf schon!« zu rufen. Solange das nicht permanent vorkommt oder viel Geld im Spiel ist, macht es ja auch nichts. Wir bestehen eben nicht nur aus einem Kopf – ein Glück.

Wenn uns also das nächste Mal ein Konsumwunsch überkommt, kann es Sinn machen, etwas mehr nachzudenken, bevor wir den Weg zum Bauch freigeben, und lieber einmal mehr die Frage zu stellen: »Macht mich dieser Konsum auch längerfristig glücklich?« Eigentlich wissen wir doch, dass es nicht die materiellen Dinge sind, die uns glücklich machen, sondern vielmehr die Glücksmomente, die uns kein Geld kosten – oder nur sehr wenig. Konsum kann uns das Leben natürlich auch erschweren – nicht umsonst heißt es häufig: Besitz belastet. Okay, Besitz, der schnell viel weniger wert ist, als er gekostet hat, belastet dann nicht ganz so stark. Kreditfinanzierter Konsum dafür umso mehr. Und mal allen Ernstes: Wer von uns will auf Dauer schon ein Gefangener seiner Schulden sein? Oder für kurzfristiges Glück langfristig zahlen und durch monatliche Raten permanent an seine (unnötigen?) Schulden erinnert werden?

Dritter Leitgedanke:
Ich lasse mir keine Sorgen oder Ängste einreden

Niemand von uns ist vollkommen frei von Sorgen. Der eine sorgt sich um seinen Job, der andere um die Kinder, jemand anderes um seine Partnerin und noch ein anderer um seine Rente im Alter. Die einen sorgen sich viel, die anderen weniger. Alles okay. Das Problem sind nicht die Sorgen, die uns tatsächlich bewegen – seien sie nun bei rationaler Betrachtung begründet oder unbegründet. Nein, das Problem sind die Sorgen und Ängste, die man uns bereits künstlich eingeredet hat oder noch einreden will.

Die Finanzindustrie ist hier neben der Gesundheitsbranche sicherlich groß dabei, wenn es sozusagen um die künstliche

Angstbefruchtung geht, um das Einpflanzen anfänglich kleiner Sorgenkeime, die mit zunehmender Rede- und Nachdenkzeit immer furchteinflößender werden und irgendwann vollkommen berechtigt erscheinen (obwohl sie real gar nicht existieren!). Dann geht es um Dinge wie Altersarmut, Tod, Diebstahl, Krankheit, Unfall, Pflegebedürftigkeit, Berufsunfähigkeit. Die Liste möglicher Sorgen und Ängste ist lang, die man im Leben so haben *kann*, nicht sollte und erst recht nicht muss!

Mal angenommen, ich bin mir meiner heutigen Sorgen und Ängste bewusst. Dann kann ich ja selbst entscheiden, ob und, wenn ja, was ich tun kann, um sie loszuwerden oder einzudämmen. Sorgen sind ein Beleg dafür, dass uns das entsprechende Thema wichtig ist. Sie führen im besten Fall dazu, dass wir aktiv etwas dagegen (und für uns!) unternehmen. Natürlich ist unsere Aktivität keine hundertprozentige Sorgenfrei-Garantie, aber sie hilft auf jeden Fall, wenn auch nur wenig.

Andererseits hat unsere Klarheit aber noch einen Vorteil: Wir merken sofort, wenn uns jemand (neue) Angst machen möchte oder will, dass wir uns sorgen. Fragt uns zum Beispiel ein Sicherheitsexperte (der uns Schlösser, Alarmanlagen oder Ähnliches verkaufen will): »Was passiert eigentlich, wenn sich Diebe zu Ihrem Haus Zutritt verschaffen wollen? Wissen Sie, wie schnell normale Schlösser geknackt sind?« DANN können wir ihm antworten: »Einen Moment bitte, ich muss kurz prüfen, ob Ihre Äußerung auf meiner Echte-Sorgen-Liste überhaupt vorhanden ist ... Nein, tut mir leid für Sie. Ich habe für Ihre Sorge keinen Bedarf. Schönen Tag noch!«

Sie haben natürlich das gute Recht, die an Sie herangetragene Sorge/Angst näher zu beleuchten, um dann eine bewusste Entscheidung dafür oder dagegen zu treffen. Alles okay. Ich will Sie nur dafür sensibilisieren, dass jemand anderes, sei es ein »Berater«, ein ängstlicher Nachbar oder ein einschlägiger Zeitungsbericht, bei Ihnen unbewusst einen Knopf drückt, der Ihre Angst ein- und Ihr Gehirn ausschaltet. Das geschieht häufig automatisch, weil wir auf Sorgen- und Angstmacher schnell und stark reagieren. Reagieren ist per se schon mal schlechter als Agieren. In diesem Fall aber verheerend, weil wir dann häufig unvernünftige Dinge tun, die wir angst- und druckfrei mit klarem Verstand niemals machen, geschweige denn unterschreiben würden. So schließen wir nach »Beratungsgesprächen« nicht selten Versicherungen ab, die wir vor der »Beratung« noch gar nicht für nötig gehalten, geschweige denn aktiv nachgefragt hätten. Und bei Arztgesprächen, die auch nichts weiter sind als Beratungen, folgen wir dem »Rat« meist ohne kritische Fragen oder eigenes Denken, weil wir ihn als zwingend zu befolgende Anweisung verstehen (kommt ja vom einzig wahren »Gesundheitsexperten«).

Und bitte denken Sie nicht, solche »Berater« wären so clever und einfühlsam gewesen, Ihre versteckten, aber natürlich echten Sorgen erkannt und entsprechend gut gebannt zu haben, zum Beispiel durch eine Versicherung. Mitnichten. Gerade Versicherungen sind meist keine »Sorgenwegpuster«, sondern höchstens »Sorgenauswirkungsmilderer« (je nach klein gedruckten Versicherungsbedingungen). Auf jeden Fall sind sie aber »Sorgennutznießer«. Denn wenn Sie weder Sorgen noch Ängste hätten, hätten die Versicherungen welche: und zwar um ihre eigene Existenz. Die Frage ist, in welchem Fall Sie leichter leben: mit vielen oder wenigen Versicherungen?

Mit wie vielen oder wenigen Sorgen und Ängsten?

Übrigens: In einer groß angelegten Umfrage (Legacy Project, Karl Pillemer) Studie antwortete die überwältigende Mehrheit befragter Rentner/Innen auf die Frage, was sie im Rückblick auf ihr Leben wirklich bereuen: »Dass ich mir zu viele Sorgen gemacht habe.« Kein Wunder, denn für die meisten unserer Sorgen gibt es in dem Moment, in dem wir sie uns machen, meist gar keinen konkreten Grund. Sie existieren nur abstrakt in unserem Kopf und sorgen somit oftmals nur für eines: für mehr unnötige Zukunftsangst und weniger Lebensqualität!

2. Einzigartigkeit bedeutet: Wir führen *unser* Leben und wissen, was *uns* wichtig ist

Sie sind einzigartig. Ihr Körper, Ihr Geist, Ihre Seele und alles, was damit zusammenhängt – Ansichten, Einsichten, Erfahrungen, Meinungen, Lebensweisen –, existieren gegenwärtig in dieser Ausprägung und Kombination weltweit nur einmal. Auch zukünftig wird es jemanden wie Sie nicht noch einmal geben.

Wir alle sind wie ein umfangreiches Computerprogramm mit scheinbar unendlichen Bestandteilen, die ständig in Bewegung sind, wobei Veränderungen einzelner Teile auch Auswirkungen auf andere Bereiche haben. Je besser wir verstehen, woraus wir bestehen und wie wir funktionieren, desto größer ist unsere Chance, das für uns bestmögliche Leben zu finden. Denn auch das Leben besteht aus unendlichen Auswahl- und Kombinationsmöglichkeiten, aus denen wir uns das aussuchen können, was unsere Einzigartigkeit unterstützt. Dabei haben wir keinerlei Vorgaben zu beachten, noch sind wir in unserer Gestaltung limitiert. Wir dürfen Ideen ausprobieren, verwerfen, intensivieren und können unser heutiges Leben ab morgen komplett anders gestalten. Was für eine Macht!

**Erster Leitgedanke:
Mein Leben gleicht keinem anderen –
und das ist auch gut so!**

Kein Leben ist wie das andere. Vielleicht in einigen wenigen großen Linien wie Geschlecht, Familienstand, Beruf etc. Aber niemals in den konkreten Tagesabläufen und -inhalten. Müssten wir alle unser Leben auf einem weißen Blatt Papier mit den für uns wichtigsten Überschriften aufführen und strukturieren, ich bin mir sicher, selbst dann würden wir mit keinem anderen Leben eine Übereinstimmung von mehr als ein paar Prozent erreichen – maximal. Und das wären nur die großen Überschriften, nicht die Details, auf die es ja bekanntlich ankommt.

Diese Erkenntnis ist für mich ein riesiges Aha-Erlebnis, denn sie bedeutet: Es gibt kein richtiges oder falsches Leben. Keinen Ideal- oder Fatalzustand. Sonst würden wir nicht so bunt und vielfältig leben, sondern einer klaren Lebensanweisung folgen, die uns exakt aufzeigte, was wir tun und was wir meiden sollten. Dann müssten wir uns permanent selbst kontrollieren, ob wir noch auf dem »richtigen Lebenspfad« gehen oder schon zu weit vom Weg abgekommen sind. Wir wären nicht mehr frei, sondern eingeengt und wüssten bereits heute, wo wir in zehn oder dreißig Jahren stünden und wie unser Leben dann genau aussähe. Wir wären uniformiert, standardisiert, Nummern statt Individuen. Zum Glück sind wir einzig. Artig dürfen wir sein, müssen es aber nicht zwangsläufig. Normal gibt's nämlich schon!

Zweiter Leitgedanke:
Nur ich entscheide darüber, wie ich leben möchte

Wer hat entschieden, dass Sie genau so leben, wie Sie es heute tun? Ihre Eltern? Ihr Partner? Ihre Kinder, Freunde, Bekannten? Ihr Arbeitgeber? Alle zusammen? Nein. Entschieden haben nur Sie allein. Beeinflusst oder inspiriert wurden Sie von den genannten Personen vielleicht. Das eine Mal oder auch öfter. Die Wahl für oder gegen etwas haben Sie jedoch ganz allein getroffen. Vielleicht klingt das für Sie jetzt extrem reduziert und banal, weil es doch eine Selbstverständlichkeit ist. Für mich ist es das nicht. Denn es bedeutet vor allem eines: Wenn Ihre bisherigen Entscheidungen zu Ihrem heutigen Leben geführt haben, ob bewusst oder unbewusst, dann führen Ihre zukünftigen Entscheidungen Sie ebenfalls irgendwohin. Wohin? Das wissen, wenn überhaupt, nur Sie und niemand anders.

Darum können andere uns keinen passenden Rat für unser Leben geben. Dazu müsste uns der Ratgebende ja unfassbar gut kennen und wissen, wie wir über etwas denken, welche Erfahrungen wir hier oder dort schon gemacht haben, welche Talente wir besitzen, welche Neigungen, welche Möglichkeiten und, und, und ... Wie soll das gehen, wenn wir das selbst teilweise gar nicht genau wissen? Was bei anderen toll funktioniert, muss ja nicht zwangsläufig auch bei uns zu mehr Glück führen.

Das Leben ist ein permanent laufender Film – ohne Stopp, ohne Werbeunterbrechungen –, in dem sich die Genres dauernd abwechseln. Mal erleben wir beste komödiantische Unterhaltung, die uns zum Lachen bringt. Mal erleben wir eine Liebesschnulze, mal ein Drama oder einen Krimi ... Manchmal erleben wir sogar alles zusammen an einem einzigen Tag. Unser Lebensfilm ist so abwechslungsreich, dass es eine wahre Freude ist. Und das Beste: Wir sind Hauptdarsteller und Regisseur in Personalunion. Wir bestimmen die Genres, Haupt- und Nebendarsteller, Spielorte, Dialoge, Handlung. Und das täglich, minütlich, sekündlich.

Permanent bieten sich uns neue Gelegenheiten, weil sich die Welt in uns und um uns herum verändert – selbst dann, wenn wir die Bettdecke für 24 Stunden über den Kopf ziehen und nichts tun. Leben fließt. Jederzeit stehen wir sozusagen an einer neuen Weggabelung und dürfen uns für einen der vielen Wege entscheiden. Das machen wir schon unser ganzes Leben, das – im Rückblick betrachtet – aus unzähligen kleinen Wegen besteht, die mal für längere Zeit gradlinig in eine Richtung führen und mal permanent die Himmelsrichtung wechseln. Mancher Weg, den wir zu der Zeit als Sackgasse oder Umweg empfanden, stellte sich im Nachhinein vielleicht als Glücksweg heraus, weil er uns in bisher unbekannte Bereiche geführt hat, die uns mehr genutzt haben als der (scheinbar) planbare und gradlinige Weg. Glück kennt viele Wege. Auf keinem steht ein Schild »Betreten verboten«. Betreten wir sie doch einfach und probieren sie aus.

Dritter Leitgedanke:
Meine wichtigste Aufgabe ist es herauszufinden, wie ich (wann) leben möchte!

Wenn kein Leben wie das andere sein muss und wir selbst darüber entscheiden dürfen, wie wir leben wollen, was hindert uns dann daran, aktiv an unserem Leben zu »arbeiten«? Nichts. Das Tolle daran ist: Wir können alles und müssen nichts. Oftmals sind wir uns nur unserer vielfältigen Möglichkeiten nicht bewusst, mit denen wir unser Wunschleben »bauen« können. Ich selbst merke das immer dann, wenn ich mich bewusst frage: »Was will ich?«

Eine einfache Frage, und doch sind es neben »Ich liebe dich« die wohl wichtigsten drei Wörter für unser Glück. Aber: Wie oft setzen wir uns hin, schalten Handy und Gedanken auf Flugmodus und stellen uns diese eine Frage? Viel zu selten. Denn wenn wir das tun, machen wir uns bewusst, dass wir gerade jetzt, in diesem Moment, an der beschriebenen Weggabelung stehen und zuerst überhaupt feststellen müssen, welche Wege es gibt und mit welchen Titeln die vielen Richtungspfeile beschriftet sind. Was will ich? Für wen? Für mich? Meinen Partner? Die Kinder, Eltern, Freunde, Bekannte …? Was will ich? Wann? Heute, morgen, übermorgen? Was will ich? Wobei? Gesundheit, Urlaub, Arbeit, Partnerschaft …? Was will ich mit all meinen Talenten, Fähigkeiten, Vorstellungen, Ansichten zum Leben ...?

Was will ich? Drei Wörter, die zusammen alles bedeuten können, wenn wir uns ihrer bewusst werden und unseren Auftrag vom Leben annehmen: Gestalte dein Leben aktiv – egal wie jung du bist! Gestalte, weil du jeden Tag unendliche Möglichkeiten hast – auch wenn du sie auf den ersten, weil dir gewohnten Blick vielleicht nicht siehst. Dennoch sind sie da. Du musst sie nur entdecken wollen! Gestalte DEIN Leben, nicht das eines anderen. Mach das, was DU für richtig hältst! Das Leben bietet uns unendliche Bausteine. Wir sind unser eigener Lebensbaumeister. Also: Leben wir los!

3. Bewusstsein bedeutet: Wir treffen unsere Entscheidungen wohlüberlegt

Unser Leben ist wie ein riesiges Netz. Treffen wir für einen Teil dieses Lebens eine Entscheidung, so hat diese auch Auswirkungen auf andere Bereiche, weil alles miteinander verbunden ist. Entscheiden wir uns zum Beispiel für einen neuen Arbeitgeber, der von unserem Wohnort weiter entfernt ist als der jetzige, wirkt sich diese Veränderung (längere Fahrzeit zur Arbeit, weniger Freizeit) auch auf unser Privatleben aus, auf unsere Balance im Leben usw. Kaufen wir uns von unserem Ersparten eine neue Wohnungseinrichtung, dann ändern sich vielleicht unsere Wohnqualität, unser zukünftiger Anspruch oder die Zeit, die wir nun lieber zu Hause verbringen als woanders. Auch steht uns das darin investierte Geld dann nicht mehr für anderes zur Verfügung, was bedeuten kann, dass wir in anderen Bereichen reduzierter leben, wenn wir dies wollen.

Ohne dieses Bewusstsein werden wir manchmal von den Auswirkungen einzelner Entscheidungen überrascht. Wenn wir unsere Entscheidungen dagegen in dem Bewusstsein treffen, dass sie nicht nur einen kleinen Teil unseres Lebens bereichern, sondern auch mit dem großen Rest harmonieren, sind wir gegen solche Überraschungen gefeit. Wir leben bewusst ganzheitlich.

Erster Leitgedanke:
Ich wäge meine Entscheidungen gegeneinander ab

Möchte ich lieber ein neues Auto oder eine neue Küche? Will ich lieber heute eine neue Matratze oder in zwei Jahren ein neues Bett mit allem Drum und Dran? Ist mir das jetzige gute Leben, in dem ich (auch finanziell) aus dem Vollen schöpfe, wichtiger oder ein Leben in der Balance zwischen heute, morgen und später?

Jeder von uns hat unzählige Wünsche. Viele haben aber nur ein begrenztes finanzielles Budget, das nicht für die Erfüllung aller Wünsche ausreicht. Daher macht es Sinn, seine Wünsche und sein Geld in Einklang zu bringen. Und zwar mit dem Wissen, dass wir ein Leben heute, morgen und übermorgen führen.

Wenn wir herausgefunden haben, welcher unserer Wünsche uns im Vergleich zu anderen wie wichtig ist, können wir viel leichter eine Entscheidung treffen, hinter der wir auch in einigen Jahren noch selbstbewusst stehen können. Diese bewussten Entscheidungen erhöhen somit nicht nur die Chance auf ein länger anhaltendes Glücksgefühl, sondern beruhigen auch unser Gewissen, weil wir uns nicht spontan und vielleicht leichtfertig zu etwas haben hinreißen lassen. Wobei: Würden wir alle unsere Entscheidungen hundertprozentig bewusst durchdenken, würde uns hie und da sicherlich die Leichtigkeit fehlen. Zu viel Denken kann das Glück erdrücken. Und zu wenig Denken kann es verhindern, weil wir dann viele Möglichkeiten nicht erkennen. Darum sollte es uns weniger um ein dogmatisches Abwägen gehen, sondern vielmehr um das Finden der eigenen Balance.

Zweiter Leitgedanke:
Ich suche nach Alternativen zu meinen Entscheidungen

Möchte ich wie gewohnt weiterarbeiten und meinen aktuellen Lebensstandard halten oder einen Monat unbezahlten Urlaub nehmen und etwas tun, wofür mir sonst die Zeit fehlt? Kaufe ich mir für meine ersparten 30.000 Euro ein neues Auto oder fahre ich dafür zwanzig Mal in den Urlaub? Abonniere ich Sky, um die Fußballbundesliga am Fernsehen mitzuverfolgen, oder gehe ich für das gleiche Geld lieber einmal im Monat live ins Stadion oder alle zwei Monate, wenn ich einen Freund zum Mitfeiern einlade?

Auch wenn wir sie nicht immer sofort erkennen: Wir haben unzählige Wahlmöglichkeiten, für die wir uns entscheiden dürfen. Wir können uns das Baumhaus für die Kinder kaufen und aufbauen lassen, es mit Materialien vom Baumarkt oder Sperrmüll selbst bauen oder zumindest den Aufbau eines Fertigbaumhauses übernehmen. Wir können uns durch einen schönen Theaterabend unterhalten lassen oder zu Hause selbst für (positives) Theater sorgen, indem wir Freunde zum gemeinsamen Spielen oder Kochen einladen. Und wenn wir uns für den Theaterabend entscheiden, haben wir auch hier unzählige Wahlmöglichkeiten. Wir können allein gehen, zu zweit, mit Freunden. Wir können vorher etwas zu Hause essen, vorher dort in der Nähe in einem Restaurant, im Theater selbst oder danach. Wir können uns normal anziehen oder schick. Wir können im Theater den Sekt genießen oder eine Flasche mitnehmen und diese danach im nahe gelegenen Park im Mondschein genießen. Wir können uns in der Pause intensiv mit unserer Begleitung über das Gesehene unterhalten oder gezielt mit anderen Gästen reden und uns bei beidseitiger Sympathie eventuell mit ihnen anfreunden, um weitere Theaterbesuche gemeinsam zu erleben. Und im Theater können wir natürlich die teurere erste Reihe nehmen oder eine günstigere Preiskategorie, um uns von der ersparten Differenz in der Pause einen schönen Prosecco zu gönnen.

Was so selbstverständlich klingt, ist es meist auch, weil wir die Dinge »nur« auf uns zukommen lassen und automatisch reagieren. Auch das kann glücksfördernd sein. Ebenso wie der Gedanke, für welche Wahlmöglichkeiten wir uns wann entscheiden. Wenn wir weniger nur in eine Entscheidungsrichtung denken und mehr auf das Entweder-oder sowie auf das Sowohl-als-auch blicken, werden uns im besten Fall spannende Alternativen anlächeln, die nur darauf warten, ausprobiert zu werden. Je häufiger wir dieses Denken in Alternativen üben, desto mehr davon werden wir zukünftig wahrnehmen. Und wer möchte das nicht: eine wirkliche (Aus-)Wahl haben?

Dritter Leitgedanke:
Ich entscheide im Bewusstsein, dass ich Teil einer Gemeinschaft bin

Niemand von uns ist allein. Jeder ist Teil von etwas. Wir alle verbringen unser Leben mit Menschen, die uns wichtig sind, die in unserem Leben eine Bedeutung haben. Wie groß dieser Menschenkreis ist und wer dazugehört, ist natürlich bei jedem von uns anders. Für den einen sind die wichtigsten Menschen der Partner, die Kinder, die Eltern und die engsten Freunde. Für andere erweitert sich der Kreis um die Schwiegereltern, Enkelkinder, nahe Verwandte, Bekannte, Arbeitskollegen, Nachbarn ... Jeder entscheidet selbst, welche Menschen er wie weit an sich heranlässt und wer in seinem Leben eine Rolle spielt.

Ganz gleich, wie unser »Lebenskreis« aussieht, uns alle eint die Tatsache, dass auch die Entscheidungen, die wir als Einzelperson treffen, Auswirkungen auf die Menschen haben können, die uns am Herzen liegen. Wenn wir uns als Mittelpunkt unseres Lebenskreises sehen, ist jede Entscheidung ein Impuls, der sich zuerst in unserem Netz ausbreitet und dann seine weiteren Kreise zieht. Nicht jede Entscheidung wirkt sich natürlich auf jeden uns wichtigen Menschen aus. Wenn Sie abends fernsehen, statt ein Buch zu lesen, hat das direkt nichts mit Ihren Freunden zu tun. Wenn Sie sich später mit Ihren Freunden über das Gesehene unterhalten, schon, aber eben nicht zwangsläufig. Wenn Sie sich aber ein neues Auto gönnen und dieses Geld dann in der Familienkasse fehlt, hat das möglicherweise direkte Auswirkungen auf das Leben Ihres Partners und/oder Ihrer Kinder. Ebenso führt die Entscheidung, Karriere zu machen und/oder viel zu arbeiten, vielleicht dazu, dass Sie weniger Zeit für Ihre Freunde und die Familie haben. Oder umgekehrt.

Planen Sie zum Beispiel, ein Haus zu kaufen, könnten Sie sich fragen, welche Auswirkungen das auf Ihre Eltern oder Schwiegereltern hat. Ist das Haus jetzt vielleicht näher bei den Eltern, sehen Sie diese vielleicht auch öfter, auch könnten sie Ihnen vielleicht häufiger helfen. Theoretisch. Umgekehrt könnten Sie auch intensiver für Ihre Eltern da sein, wenn diese Sie brauchen. Vielleicht bauen Sie mit unterstützendem Geld Ihrer Schwiegereltern auch ein größeres Haus mit einem eigenen Anbau, in den Ihre Schwiegereltern dann später einziehen. Wir können auch von der anderen Seite aus denken und uns fragen, was unsere »Lieben« bewegt und wie sich ihr Leben weiterentwickeln wird – mit welchen Auswirkungen auf uns. Es kann spannend sein, sich hierüber gemeinsam zu unterhalten und dann neue bereichernde Schnittmengen zu finden.

Je mehr wir verinnerlichen, dass unsere Entscheidungen nicht nur uns betreffen, desto besser wird es uns gelingen, ein harmonisches Gleichgewicht zu finden, das im besten Fall sogar wechselseitig eine Bereicherung ist – für uns und unsere Lieben.

4. Eigenverantwortung bedeutet: Nur wir sorgen für unser Leben(sglück)

Kein anderes Wort erntet so viel Stille, wenn es ausgesprochen wird, wie »Verantwortung«. Stellt man unterschiedlichen Menschen die Frage, wer Verantwortung übernehmen möchte, gehen nur sehr, sehr wenige Hände in die Höhe. Warum ist es nicht erstrebenswert, verantwortlich zu sein? Erinnern Sie sich noch an Adam und Eva (die aus dem Paradies)? Als Adam bewusst wurde, dass er einen »vergifteten« Apfel gegessen hatte, beschuldigte er Eva, weil sie ihm diesen gegeben hatte. Eva wiederum meinte, sie könne nichts dafür, weil die böse Schlange sie dazu verführt habe. Tja, so ist das mit der Verantwortung: Läuft alles glatt, bedeutet sie Anerkennung und Applaus. Läuft etwas schief, will keiner dafür verantwortlich sein. Woran liegt das? Am Wort selbst, das nach großer Bürde, intensiven Anstrengungen und vor allem nach möglichen (negativen) Konsequenzen klingt? Nicht umsonst denkt man bei diesem Begriff häufig an Manager, Vorstände, Führungskräfte, die Verantwortung für andere tragen (mit entsprechender Entlohnung).
Dass jeder von uns automatisch verantwortlich ist und dafür noch nicht einmal die Hand heben muss, wird häu-

fig vergessen. Oder wo können wir uns beschweren, wenn unser Leben nicht so verläuft, wie wir es gerne hätten? Wen können wir regresspflichtig machen? Nur eine Person: uns selbst.

Erster Leitgedanke:
Ich kenne meine Verantwortung und nehme sie wahr, so gut ich kann

Wissen Sie genau, wofür Sie verantwortlich sind? Um diese Frage zufriedenstellend zu beantworten, müssten wir das Leben auffächern und uns alle Möglichkeiten genauestens besehen. Das ist – zumindest für dieses kleine Buch – unrealistisch, dennoch können wir einige Teilbereiche etwas genauer betrachten, die vielen von uns sicherlich (und hoffentlich) am Herzen liegen.

Wer ist dafür verantwortlich, dass wir gesund sind und bleiben: Ärzte, Krankenhäuser, Krankenkassen, Kurzentren, Ernährungsspezialisten, Sportmediziner, Fitnesstrainer?

Wir selbst natürlich. Obwohl wir das wissen, neigen wir dazu, an unserer Stelle die genannten Personengruppen verantwortlich zu machen. Mal mehr, mal weniger bewusst. Mal in größerem, mal in kleinerem Umfang. Natürlich tragen alle diese Personengruppen eine Verantwortung, wenn wir uns von ihnen behandeln, therapieren, operieren oder beraten lassen. Aber sie halten nur einen kleinen Verantwortungsteil in Händen, geliehen für die Zeit, in der wir uns ihnen anvertrauen. Danach liegt die Verantwortung automatisch wieder bei uns, weil sie uns gehört. Verantwortung für unser Leben ist nicht auf Dauer übertragbar. Wir können sie nur zeitweise verleihen.

Es liegt daher vor allem an uns selbst zu überlegen, wie wir unserer Verantwortung gerecht werden, um zum Beispiel gesund und fit zu bleiben. Merkwürdigerweise werden viele

Menschen hierfür erst dann aktiv, wenn sie krank sind. Der Drang, gesund zu werden, ist anscheinend größer als der, gesund zu bleiben.

Was ist mit anderen Themen wie unserer Bildung oder unserer Karriere? Ist für das bestmögliche Gelingen der Chef verantwortlich, der Arbeitgeber, die Kollegen, die Seminargeber, die Bildungswerke? Egal was: Sobald wir wissen, wie wir leben wollen und was uns wichtig ist, steht auch direkt fest, wofür wir verantwortlich sind. Das gilt für unser eigenes Leben wie für das Leben anderer, etwa unserer Kinder. Diese haben uns stillschweigend einen Teil ihrer Verantwortung für eine gewisse Zeit geliehen. Gehen wir also sorgsam damit um, handeln wir in ihrem Sinne und vergessen wir nicht, ihnen diese Verantwortung nach und nach zurückzugeben. Natürlich dürfen wir uns auch für andere Menschen verantwortlich fühlen und ihnen anbieten, dass sie uns Teile ihrer Verantwortung für eine gewisse Zeit leihen können. Ob das die Nachbarn sind, für die wir in ihrem Urlaub die Blumen gießen. Freunde, deren Hund wir mal übers Wochenende zu uns nehmen. Oder gute Bekannte, deren Kind wir Nachhilfe geben oder mit ihm schwimmen gehen. Wenn wir unsere Verantwortung konkretisieren und in kleine Stücke teilen, wird sie greifbarer, (er)lebbarer und kostbarer für uns und andere.

Zweiter Leitgedanke:
Ich suche mir Menschen, denen ich Teile meiner Verantwortung leihen möchte

Bin ich mir wenigstens zu großen Teilen bewusst, für welche Themen und Bereiche ich in meinem Leben verantwortlich zeichne, dann habe ich permanent die Wahl. Ich kann für alles selbst die Verantwortung übernehmen, oder ich leihe gewissen Menschen gewisse Teile. Die hierdurch entstehenden Vorteile sind vielfältig. Wir sind leichter, wenn andere Teile unserer Verantwortung, die uns aktuell vielleicht wie Blei auf den Schultern liegen, für eine gewisse Zeit übernehmen. Wir sind in Kontakt mit anderen Menschen, die uns unterstützen, und im Austausch bekommen wir Resonanz. Wir haben mehr Kraft zum Leben, die wir aktiv für andere Bereiche nutzen können – oder um uns von anderen Menschen etwas zu leihen, das ihnen schwer und uns locker auf den Schultern liegt.

Unsere Verantwortung mit anderen zu teilen heißt nicht, verantwortungslos zu sein, eher verantwortungsvoll, weil wir imstande sind loszulassen, andere Menschen in unser Leben zu holen und ihnen etwas für uns Wichtiges anzuvertrauen. Überlegen Sie doch einmal, welchen Menschen aus Ihrem Lebenskreis Sie bereits heute Verantwortung übertragen und von wem Sie sich welche geliehen haben. Das hilft uns, diesen Menschen, die sich unserer annehmen und uns ihre Zeit schenken, dankbar(er) zu sein.

Dritter Leitgedanke:
Ich übertrage Verantwortung an Fremde gegen Geld, aber nur ganz bewusst

Was ist, wenn wir gewisse Verantwortungsbereiche weder allein noch gemeinsam mit unseren Lieben übernehmen können oder wollen? In diesem Fall gibt es die Möglichkeit, seine Verantwortung gegen die Zahlung von Geld an andere zu übertragen – zum Beispiel an die Finanzindustrie. Angenommen, Sie besitzen eine gewisse Summe Geld und wollen sich in acht Jahren davon etwas kaufen, das mehr kostet als Ihr heutiger finanzieller Besitz. Was tun? Das liegt ganz an Ihnen. Wenn Sie nicht auf etwas Preisgünstigeres ausweichen wollen, müssten Sie überlegen, wie Sie das Gewünschte in acht Jahren günstiger bekommen oder wie Sie sich bis dahin das fehlende Geld besorgen. Sie könnten versuchen, eine Gehaltserhöhung herauszuhandeln, Ihre heutigen Ausgaben um das notwendige Sparpotenzial zu reduzieren oder durch andere Tätigkeiten an Zusatzeinnahmen zu gelangen, vielleicht durch einen Nebenjob.

Wenn Ihnen dies weder möglich ist noch erstrebenswert erscheint, können Sie natürlich versuchen, Ihr vorhandenes Geld entsprechend zu vermehren, im Spielkasino oder mit einer Geldanlage, also einem Finanzprodukt. Gibt es ein Produkt, durch dessen Abschluss Sie die fehlende Summe GARANTIERT auch nach Abzug aller Kosten und Steuern zusätzlich zu Ihrem aktuellen Geld erhalten – wunderbar. Dann macht es Sinn, der Finanzindustrie einen Teil Ihrer Verantwortung zu übertragen. Ist das Erreichen nicht garantiert, kann das Finanzprodukt trotzdem Sinn machen, wenn Sie dadurch zumindest einen Teil Ihres Fehlbetrages erwirtschaften. Den verbleibenden Rest aufzutreiben ist dann Ihre Sache. Leider wird nur ein Bruchteil aller Gelder nach diesem Grundsatz angelegt, weil wir es so halten wie bei den Konsumangeboten. Wir warten, was uns an Geldanlageangeboten über den Weg läuft, betrachten die möglichen Zinsen/Renditen und wählen das scheinbar lukrativste aus.

Andersherum ist es viel sinnvoller, weil es uns zu unserem Ziel führt. Das ist der eine Grund, Verantwortung an die Finanzindustrie zu übertragen: weil wir uns zusätzliche Unterstützung beim Erreichen unserer Ziele und Wünsche erhoffen. Der andere ist, sich die finanzielle Unterstützung der Finanzindustrie bei vielleicht zukünftig auftretenden Notfällen zu sichern, durch Versicherungen. Normalerweise geschieht das durch die Zahlung »kleiner« monatlicher Geldbeträge. Als Gegenleistung gibt es dann das Versprechen, dass das Finanzunternehmen im jeweils gewählten Fall Verantwortung für uns übernimmt und für den eingetretenen Notfall »größere« Summen sozusagen als Ausgleich zahlt.

Zum Beispiel ist der Abschluss einer Versicherung grundsätzlich sinnvoll, wenn Sie
- BEWUSST die Entscheidung treffen, dass Sie und Ihre Lieben einen Teil der Verantwortung nicht allein schultern können oder wollen,
- KONKRET wissen, welches Hilfeversprechen Sie von der Finanzindustrie benötigen,
- SICHER sind, dass die Finanzindustrie der ihr anvertrauten Verantwortung im Fall der Fälle auch wie vereinbart gerecht wird.

Schließen Sie auf dieser Grundlage eine Versicherung ab, dann werden Sie hierfür mit großer Wahrscheinlichkeit wenig Geld aufwenden müssen, weil die von Ihnen gewünschte Hilfe klar definiert und begrenzt ist.

Häufig versichern wir uns nur gegen viel zu viel, weil wir nicht genau wissen, welcher Verantwortung wir uns selbst stellen können und welche wir abgeben wollen. Sie können Versicherungen im beschriebenen Fall mit gutem Gefühl abschließen, weil Sie im Großteil aller Produktfälle wissen, dass Sie Ihre Beiträge nie in Form finanzieller Gegenleistungen wiederhaben wollen. Niemand von uns will krank, arbeitslos oder berufsunfähig werden oder verunglücken. In diesem Fall ist das bezahlte Geld eine gute Investition, weil sie Ihnen wirklich etwas bringt: den guten Schlaf und das Wissen, dass für den Ihnen wichtigen Fall der Fälle alles geregelt ist.

5. Natürlichkeit bedeutet: Wir gestalten unser Leben so oft wie möglich aus eigener Kraft

Was wäre, wenn es weder Konsumgüter noch Unternehmen gäbe, die uns Dienstleistungen anböten? Was wäre, wenn wir (wieder) auf dem Land leben und uns komplett selbst versorgen würden? Selbst wenn die Antworten auf diese Fragen nicht dazu führen, dass wir Hurra rufen und uns diese neue alte Welt sofort herbeiwünschen, sind sie durchaus hilfreich. In unserer konsum- und dienstleistungsüberfluteten Welt wird eines ganz häufig beiseitegeschoben beziehungsweise vollständig aus unserem Blickfeld verdrängt: die Selbstverständlichkeit, dass wir aus eigener Kraft etwas für die Dinge tun, die uns wichtig sind.

Natürlich können wir uns vieles kaufen oder anderen Geld dafür geben, dass sie für uns tun, was wir möchten. Wir können aber auch selbst etwas unternehmen – entweder komplett oder zumindest in Teilen. Wir können essen gehen oder selbst kochen, Nahrung kaufen oder sie selbst anbauen. Wir können Fertiggüter kaufen oder sie selbst herstellen. Wir können uns durch Seminare weiterbilden oder uns in Eigenregie bilden durch Gespräche mit Experten, Videoanleitungen im Internet, Bücher. Wir können so vieles direkt selbst übernehmen oder es erlernen. Wenn wir wissen, welche Richtung wir in unserem Leben einschlagen wollen, bei welchen Zielen uns das Erreichen reizt oder welche Wünsche wir uns erfüllen möchten, können wir zuerst überlegen, was wir dazu beitragen können. Dadurch sparen wir nicht nur viel Geld, wir steigern auch automatisch den Wert unserer Entscheidungen, weil wir selbst dafür gesorgt haben. Und vielleicht das Wichtigste: Wir bleiben oder werden unabhängig(er) und geben uns selbst die Sicherheit, dass wir der Steuermann unseres Lebens sind – und niemand anders!

Erster Leitgedanke:
Ich schöpfe alle meine persönlichen Ressourcen aus

Was können Sie? Wovon wissen Sie bereits, und welche Fähigkeiten und Talente schlummern vielleicht noch in Ihnen? Wir alle können viel mehr, als wir denken. Der Grund dafür ist recht einfach: Jeder von uns hat in seinem Leben diverse Erfahrungen in vielen unterschiedlichen Disziplinen gemacht. Sei es Kommunikation, Denkarbeit, Handwerkliches, Künstlerisches oder, oder, oder ... Jeder von uns kennt das große Glücksgefühl des Sieges, wenn wir etwas besonders gut gemeistert haben. Und wir alle kennen auch das Tal der Tränen, wenn wir feststellen mussten, dass es irgendwo nicht gereicht hat.

Sieg, Niederlage, Unentschieden. Alles war bisher dabei, und alles wartet noch auf uns. Niemand ist perfekt – zum Glück. Denn Perfektion bedeutet Stillstand. Entwicklung ist Fortschritt. Wir alle können Dinge besonders gut, einigermaßen oder eben gar nicht. Manches ist für uns heute Pflicht, manches die Kür. Aber dass dies so ist, heißt nicht, dass es auch künftig so bleiben muss. Ich bin fest davon überzeugt, dass wir unsere persönlichen Ressourcen bisher nur zu einem Bruchteil ausschöpfen, so wie wir Computerprogramme nur zu einem kleinen Prozentsatz nutzen, geschweige denn beherrschen. In dieser Überzeugung bestärken mich zwei Fragen:

- Kenne ich alle Bereiche des Lebens, die für mich heute wichtig sind oder es in Zukunft werden könnten?
- Habe ich bereits in allen diesen Bereichen ausreichende Erfahrungen gesammelt, um wirklich fundiert sagen zu können, was ich kann und was nicht?

Persönlich würde ich beide Fragen mit einem klaren Nein beantworten. Wie geht es Ihnen?

Natürlich könnte ich spontan eine Liste erstellen mit Dingen, von denen ich meine, dass ich sie besonders gut kann. Ebenso wäre mir eine Aufstellung dessen möglich, was mir nicht gelingt. Würde ich diese beiden Listen aber meiner Frau zur Beurteilung geben, so würde sie bestimmt einige Punkte verändern. Meine Frau schätzt mich aus ihrer Sicht eben ganz anders ein als ich mich selbst. Andere sehen uns mit anderen (klareren?) Augen. Fähigkeiten, die für mich »nichts Besonderes« sind, sind für meine Frau vielleicht genau das Gegenteil. Vielleicht fehlen auf meiner Liste auch Dinge, die mir gar nicht bewusst sind, die meine Frau jedoch ganz besonders zu schätzen weiß.

Was wir können und was nicht, ist immer relativ. Je nach Blickwinkel, aus dem wir uns betrachten, mit wem wir unsere Fähigkeiten in Relation setzen oder wer uns begutachtet, fällt auch die Beurteilung besser oder schlechter aus als gedacht. Es kann sich also lohnen, seine persönlichen Fähigkeiten neu und möglichst unvoreingenommen auf den Prüfstand zu stellen.

Zweiter Leitgedanke:
Ich kenne die Ressourcen meiner Lieben

Was können mein Partner, meine Kinder, Eltern, Freunde, gute Bekannte? Wovon weiß ich bereits, und welche Fähigkeiten kenne ich noch nicht? Es ist immer wieder spannend zu erkennen, was wir alles nicht wissen. Und doch ist auch diese Erkenntnis für mich extrem hilfreich, weil sie mir und meinem Leben neue Möglichkeiten bietet, die ich nutzen kann. Wenn ich zum Beispiel weiß, dass mein Nachbar sich besonders gut mit Steuererklärungen auskennt, kann ich ihn doch bitten, mir bei meiner zu helfen. Wenn ich weiß, dass meine Mutter liebend gerne Hemden bügelt und dabei wunderbar abschalten kann, könnte ich ihr und mir doch beim Glücklichwerden helfen. Oder wenn meine Arbeitskollegin ein Händchen für Pflanzen hat, warum frage ich sie nicht, was ich in meinem Garten beachten sollte?

Mit Sicherheit haben Sie eigene Beispiele im Kopf, wo Sie das Wissen um die Fähigkeiten anderer bereits genutzt haben. Dabei geht es nicht darum, andere auszunutzen. Vielmehr suche ich nach Gelegenheiten, wie wir, wenn wir aus eigener Kraft nicht mehr weiterkommen bei dem, was uns wichtig ist, andere Menschen in unserem Umfeld anzapfen können – immer mit dem Angebot, dass auch sie uns und unsere Fähigkeiten nutzen können. Dafür müssen natürlich auch sie wissen, was wir alles können. Ist uns allen dies bewusst(er), machen das Erreichen von Zielen und die Erfüllung von Wünschen viel mehr Spaß, weil die Chancen darauf um ein Vielfaches steigen, wenn wir nutzen, was uns zur Verfügung steht – auf natürliche Art und: weise!

Dritter Leitgedanke:
Ich suche nach mir bisher unbekannten Ressourcen anderer Menschen

Wenn ich mit meinen Ressourcen und mit denen meiner Lieben nicht weiterkomme, was dann? Können Sie sich vorstellen, dass es Menschen mit genau den Fähigkeiten oder Kontakten gibt, die Sie brauchen, an die Sie aber bisher nicht gedacht haben, weil sie sich nicht in Ihrem Lebenskreis befinden?

Klares Ja, oder? Natürlich wird es irgendwo Menschen geben, die Ihnen bei dem, was Sie vorhaben oder aktuell benötigen, weiterhelfen können. Wenn jeder von uns ein Ressourceninhaber ist, hat auch jeder etwas zu bieten. Und da jeder von uns anders ist, andere Erfahrungen gemacht hat und andere Fähigkeiten besitzt, hat auch jeder etwas anderes anzubieten. Die Frage ist also nicht, ob oder was, sondern wer und wie. Und zwar: »Wer hat die Fähigkeiten, die ich brauche?«, und: »Wie lerne ich diese/n Menschen kennen?«

Was vielleicht berechnend klingt, ist es auch – aber nicht im negativen Sinne einer bewussten Ausnutzung anderer oder eines manipulativen Kennenlernens, um sein Ziel nur auf Kosten anderer zu erreichen. Ich bin davon überzeugt, dass wir auch dann unabhängig von Geld, Konsum oder Dienstleistungen bleiben können, wenn unsere eigenen und die Kräfte unserer Lieben nicht (komplett) ausreichen. Und zwar dann, wenn wir, bevor wir Geld einsetzen, zuerst nach bisher unbekannten oder unbeachteten Möglichkeiten suchen. Dies kann uns gelingen, wenn wir uns mehr mit den Menschen beschäftigen, die in unserem Leben eine Rolle spielen – ganz gleich, wie groß und wie häufig. Je mehr wir von anderen wissen, desto eher können wir sie um Hilfe bitten oder ihnen unsere Hilfe anbieten, wenn wir wissen, vor welchen Herausforderungen sie gerade stehen.

Und es hilft, wenn wir unseren Lieben mehr aus unserem Leben erzählen. Wenn sie wissen, was uns bewegt, entdecken sie vielleicht bei sich selbst eine bisher unbeachtete Fähigkeit, die uns (und sie ebenfalls) voranbringt. Oder sie kennen jemanden aus ihrem Lebenskreis, der Ihnen mit dem, was er zu bieten hat, weiterhelfen könnte.

Diese kleinen Gedanken sind vielleicht keine Weltneuheit, aber auf jeden Fall eine Geldneuheit. Denn hierdurch eröffnen wir uns neue Alternativen zum Einsatz von Geld, entdecken gleichzeitig mehr von anderen Menschen oder lernen uns bisher unbekannte Personen kennen, die vielleicht sogar irgendwann einen Platz in unserem Lebenskreis finden.

Leichtigkeit, Einzigartigkeit, Bewusstsein, Eigenverantwortung und Natürlichkeit – die fantastischen fünf sind unsere Grundausstattung, die uns herauszufinden ermöglicht, was wir selbst aus eigener Kraft unternehmen können für unsere:

Leichtigkeit
Einzigartigkeit
Bewusstsein
Eigenverantwortung
Natürlichkeit

Sind wir uns unserer wahren inneren Ziele und Wünsche bewusst, sehen wir es eindeutig und klar vor uns:
unser LEBEN!
Reagieren wir nur auf äußere Reize, handeln wir rückwärts gewandt und stehen im:
NEBEL!
Die Perspektive, aus der wir unser Leben betrachten, entscheidet darüber, wie glücklich wir sind.

Machen wir uns mit diesem Bewusstsein jetzt ganz praktisch auf den Weg zur wahren finanziellen Unabhängigkeit, die eine echte Finanzrevolution darstellt, die sowohl hundertprozentige Zustimmung als auch großen Widerspruch auslösen kann. Eine Testleserin, die das Buch bereits vor der Veröffentlichung las, brach die Lektüre im ersten Teil ab, weil sie sich nicht vorstellen konnte (oder wollte?), wie ein Leben mit weniger Geld, Konsum, Finanzprodukten möglich sein sollte. Von anderen Testlesern bekam ich die Rückmeldung, dass ein Sparringspartner hilfreich wäre, um die vielen neuen Ideen zu diskutieren. Wiederum andere wurden angeregt, ihr gewohntes Denken wie auch ihren Alltag zu hinterfragen. Mit diesem Erkenntnisgewinn verbunden war jedoch die mindestens ebenso große Frage: Wie gelingt es mir, den heute überwiegenden Teil der Lebenspyramide (Geld und Finanzprodukte) zu verkleinern beziehungsweise mit mehr Leben zu füllen?

Auf diese Frage gebe ich Ihnen im Schlussteil viele praktische Anregungen, damit Sie Ihre eigenen Antworten finden und Ihre persönliche Finanzrevolution starten können, um finanziell wirklich unabhängig(er) zu werden.

»Revolutionen«,
die wir bereits gestartet haben

Um Ihnen Mut zu machen: Wie erfolgreich wir darin sind, Neues in unser Leben zu lassen und bewusster, selbstbestimmter und unabhängiger zu leben, haben wir schon etliche Male bewiesen. Denken Sie nur an folgende »Revolutionen«, die andere Menschen und vielleicht auch Sie schon aus eigener Kraft oder mithilfe anderer gestartet oder bewältigt haben:

Wir sind bei der Nahrung unabhängig(er) geworden

Viele Menschen bauen Obst und Gemüse schon in Eigenregie an, züchten Kräuter oder haben eine Hühner-/Bienenzucht. Sie sorgen bereits aus eigenem Antrieb für ihre Nahrung – oder zumindest für einen Teil. So übernehmen sie Eigenverantwortung und werden automatisch unabhängig(er) – in diesem Fall von der Nahrungsmittelindustrie. Und selbst wer keine eigene Nahrung anbaut, prüft häufig intensiv, welche Nahrungsmittel er oder sie kauft. Diese Menschen achten auf die Inhaltsstoffe, erkundigen sich nach deren Wirkungsweisen, schauen auf das Herkunftsland, die Produzenten, kurzum: Sie wählen bewusst(er) aus, was sie konsumieren. Das ist sinnvoll und in Relation zum Nutzen mit wenig Aufwand verbunden. Je mehr wir uns mit den Dingen beschäftigen, die uns wichtig sind, desto mehr lernen wir darüber und desto schneller können wir neues Wissen aus unserem Wunschfachgebiet mit bestehendem verknüpfen und es gewinnbringend für unser Leben einsetzen. Mehr noch: Je besser unsere Wissensbasis, desto einfacher gelingt es uns, die Dinge infrage zu stellen und eigene Gedanken zu finden, die uns auf dem eingeschlagenen Weg weiterbringen. Das hilft sehr, uns für oder gegen etwas zu entscheiden – dabei stets unser Bestes im Blick.

Wir sind bei der Energieversorgung unabhängig(er) geworden

Viele Menschen nutzen schon die Energie der Sonne oder des Bodens, um in Eigenregie Strom zu erzeugen. Sie nehmen die Stromindustrie gar nicht mehr oder nur noch wenig in Anspruch. Andere entscheiden sich bewusst für den Bezug von Ökostrom. Ebenso sind wir achtsamer bei unserem Energieverbrauch und wissen meist, was wir tun können, um energieeffizienter zu leben.

Wir sind von Ärzten unabhängig(er) geworden

Häufig kümmern wir uns bereits selbst um Teile unserer gesundheitlichen Versorgung, indem wir uns damit beschäftigen, wie wir gesund und fit bleiben können. Auch hilft eine gut gefüllte Hausapotheke ebenso weiter wie das Wissen um Omas Hausmittelchen oder um alternative Heilmethoden. Je mehr wir selbst tun, desto weniger benötigen wir die Gesundheitsindustrie in Form von Ärzten, Apotheken, Krankenhäusern.

Wir sind von Dienstleistungen unabhängig(er) geworden

Wir nutzen unsere handwerklichen Fähigkeiten, um selbst häufiger Hand anzulegen, statt fremde Hände gegen Geld zu nutzen. Nicht umsonst haben wir in Deutschland einen anhaltenden Baumarkt-, Heimwerker- und Gartenboom, der eindeutig signalisiert, dass wir uns im Grunde selbst um die meisten Aufgaben unseres Lebens kümmern und nur in Ausnahmefällen auf die Hilfe anderer zurückgreifen wollen.

Wir sind, indem wir uns selbst und andere eigeninitiativ informieren, unabhängig(er) geworden

Wir nutzen das Internet mit seinen unzähligen Angeboten, um uns selbst schlauzumachen, statt uns nur auf das Angebot einer Informationsquelle zu verlassen. Wir wollen mehr von dieser Welt und ihren Möglichkeiten kennenlernen und entscheiden selbst, wie, wann und wo wir welche Informationen aufnehmen und was wir damit anstellen. Wir legen selbst fest, mit welchem Wissen wir uns näher beschäftigen und in welchen Bereichen wir uns weiterbilden wollen. Wir bilden uns über Tutorials selbst weiter, helfen anderen hierdurch mit unserem Wissen und tragen dazu bei, dass sich unser und das Leben anderer aktiv verbessert. Wir nutzen soziale Netzwerke, durch die wir viel von anderen mitbekommen (manchmal vielleicht auch zu viel). Wir haben dafür gesorgt, dass triste Zahlen-Daten-Fakten-Informationen lebendig, persönlich und somit wirklich lehrreich geworden sind.

Alle genannten Revolutionen sind ein Teil unserer Möglichkeiten zu mehr Unabhängigkeit und Selbstbestimmung, die sich in Form von 3-D-Druckern für zu Hause oder anderen Innovationen auch zukünftig erweitern werden. Evolution lebt. Stück für Stück entwickeln wir uns – vom Konsumenten, der alle Produkte und Leistungen der Industrie kauft, zum »Pro-sumenten«, der nur das konsumiert, was er nicht selbst herstellen kann (oder befreundete Menschen). Hierdurch sparen wir nicht nur Geld, sondern schaffen eigene Werte, die unbezahlbar für uns werden. Mit diesem Fokus können wir uns noch viele weitere Bereiche »erobern«.

Moment mal! Auch eine Geld- und Finanzwelt, die so unfassbar komplex, kompliziert und undurchsichtig ist? Wir alle leben in einer Geld- und Finanzwelt, die wir weder überblicken noch verstehen können, die jedoch einen immensen Einfluss auf unser Leben und unser Glück besitzt. Was also tun? Weiter mitmachen und mit sich machen lassen? Oder ausbrechen?

1. Entziehen Sie dem heutigen Finanzsystem Ihr Geld.
2. Schaffen Sie sich Ihr persönliches Finanz- und Lebenssystem, das Sie verstehen und das Ihnen wirklich weiterhilft.

Richten Sie Ihren Blick nicht nach außen und richten Sie Ihr Leben nicht an anderen aus. Weder an den scheinbaren (begrenzten) Möglichkeiten des Geldes noch an den (verzwickten) Vertragsbedingungen von Finanzprodukten noch an den Tipps von »Experten« oder (vermeintlichen) Erwartungen anderer.

Richten Sie Ihren Blick lieber nach innen und Ihr Leben an dem aus, was Ihnen wichtig ist. »Arbeiten« Sie am besten an beiden Welten. Fragen Sie sich, wie Sie leben wollen und was Sie aus eigener Kraft dafür unternehmen können. Erste Anregungen haben Sie in diesem zweiten Teil bereits erhalten. Und überprüfen Sie Ihr heutiges Geld- und Finanzsystem daraufhin, wie es zu dem passt, was Sie wollen.

Für beide Aufgaben erhalten Sie jetzt viele unterschiedliche Inspirationen, damit Sie sich motiviert und mit konkreten Ideen auf den Weg zu Ihrer ganz persönlichen Finanzrevolution machen können, durch die Sie mit Stolz von sich behaupten dürfen:

Ich bin finanziell unabhängig(er) und führe ein bewusstes, selbstbestimmtes und glückliches Leben!

Dritter Teil:
Geld und Leben

So werden Sie finanziell wirklich unabhängig(er)!

Starten wir mit den beiden wichtigsten Fragen auf dem Weg zur wahren finanziellen Unabhängigkeit, damit Sie Ihr Leben in Ihrem Sinne gestalten und Ihre Lebenspyramide mit Ihren gewünschten Inhalten füllen können.

Was heißt Glück für mich?

Herauszufinden, was man für ein glückliches Leben braucht (heute, morgen und später), ist nicht einfach. Das erkennen wir an der an uns gerichteten Frage zum Geburtstag: »Was wünschst du dir denn?« Mich stellt diese eine Frage jedes Mal vor neue Herausforderungen. Und Weihnachten folgt das gleiche Spiel. Eigentlich habe ich doch schon alles, was ich zum Glücklichsein brauche. Eigentlich führe ich doch ein zufriedenes Leben. Oder geht noch mehr, als ich heute denke? Wie geht es Ihnen?

Wenn wir bei der Geschenkefrage schon Schwierigkeiten haben, zufriedenstellende Antworten zu finden, wie ergeht es uns dann erst bei der Frage nach den großen Lebensglückthemen? Wie sollen wir bei den schier unendlichen Möglichkeiten, die sich uns bieten, das Bestmögliche für uns finden? Um es einfacher zu machen, habe ich das Leben – soweit das überhaupt möglich ist – strukturiert und in Themenkomplexe unterteilt, die uns in unserem Leben bewegen könnten:

Mögliche Lebensziele

1. Gesund und fit sein und bleiben
2. Eine glückliche Partnerschaft führen
3. Ein harmonisches Familienleben haben
4. Die Freizeit genießen
5. In einem schönen Zuhause leben
6. Beruflich erfüllt sein
7. Gut leben im Alter

Zu all diesen Lebensthemen biete ich Ihnen inspirierende Ideen und kreative Fragen. Ich wünsche Ihnen sehr, dass Sie hierdurch auf eigene Gedanken kommen, die Sie Ihrem Glück näher bringen. Und wenn Sie etwas Wünschenswertes gefunden haben, stellt sich automatisch die zweite wichtige Frage:

Wie erreiche ich mein Lebensglück?

Am besten natürlich aus eigener Kraft. Das geht häufig sofort ohne großen Aufwand und ist zusätzlich noch kostenlos und erfüllend. Sicher wird Ihnen zu vielen gefundenen Zielen und Wünschen bereits manches einfallen, was Sie selbst dafür unternehmen können. Falls Sie ein wenig kreativen Anschub benötigen, finden Sie auch hierfür erste Anregungen. Aber: Bitte haben Sie Geduld mit sich. Sich dessen bewusst(er) zu werden, was das eigene Leben ausmacht und das Herz zum Tanzen bringt, kann dauern. Ich selbst frage mich permanent, was ich will, weil ich mich ebenso verändere wie meine Lieben und der Blick auf meine Möglichkeiten, die sich mit jeder neuen selbst gemachten Erfahrung erweitern. Leben ist Veränderung. Menschen sind Emotionen. Alles ist in jeder Sekunde in Bewegung. Sehen Sie alles Folgende daher als Impuls an, als Anschubser, sich mit den Lebensthemen (das erste Mal ganz bewusst und intensiv?) zu beschäftigen.

Nicht alles geht von jetzt auf gleich – weder das Finden der zu uns passenden Ziele und Wünsche noch das Entdecken eigener zielführender Aktivitäten. Durch die häufig jahrelange Fremdbestimmung und unbewussten Abhängigkeiten sind wir vielfach zu Lebensabstinenzlern geworden, die wieder lernen müssen, nach innen zu blicken, um das, was innen ist, auch außen leben zu können. Ebenso haben wir uns zu Finanzmessies entwickelt, die häufig viel zu viele Finanzprodukte besitzen, die uns monatlich unnötig Geld kosten, das wir sinnvoller einsetzen könnten. Zu selten fragen wir uns: *Bei welchem Ziel/Wunsch in unserem Leben unterstützt uns welches Finanzprodukt wirklich?* Viele Finanzprodukte sind für ihre Besitzer bei genauerem Hinschauen sinnlos. Manche Menschen glauben sogar, sie müssten sich um dieses oder jenes nicht selbst kümmern, weil sie dafür ja ein Finanzprodukt abgeschlossen hätten. Ausreichend Geld im Alter? Dafür zahle ich ja in die Kapitallebensversicherung ein. Umsichtig leben? Nee, dafür habe ich doch die Unfallversicherung. Stress- oder Burn-out-Gefahr in Sicht? Halb so wild, hab ja 'ne Berufsunfähigkeitsversicherung, wenn's hart auf hart kommt. Die meisten wissen noch nicht einmal, wie viele Finanzprodukte sie genau besitzen und was sie dafür monatlich bezahlen. Dieses Geld fehlt dann aber oft zum Leben(sglück). Und wenn sie es wissen, müssen viele beim Blick auf ihre Gesamtausgaben in diesem Bereich kräftig schlucken.

Genau daher beschäftige ich mich im dritten Teil etwas intensiver mit den wichtigsten Finanzprodukten und zeige Ihnen
- ihren jeweiligen wahren Kern und Nutzen – verständlich und mit wenigen Worten erklärt,
- die jeweils größten Schwachstellen wie versteckte Nachteile und
- vier realistische Alternativmöglichkeiten zur ausschließlichen Nutzung von Finanzprodukten.

Die heutige Finanzrealität vieler Menschen lautet bei konkreter individueller Betrachtung in einem Satz:

> Ich investiere (zu) viel Geld in (zu) viele Finanzprodukte mit (zu) umfassenden Leistungen, die mich bei keinem meiner wichtigen Lebensziele wirklich voranbringen, sondern mich vielmehr von dem wegführen, was mir wirklich wichtig ist.

Starten Sie Ihre neue Finanzrealität

Ich zeige Ihnen realistische Möglichkeiten auf, mit denen Sie Ihr Lebensglück **preiswerter**, **zielführender** und **sinnvoller** erreichen. Und zwar in Form folgender vier Alternativen zur umfassenden und häufig sinnlosen (dafür kostenintensiven und abhängigen) Nutzung von Finanzprodukten:

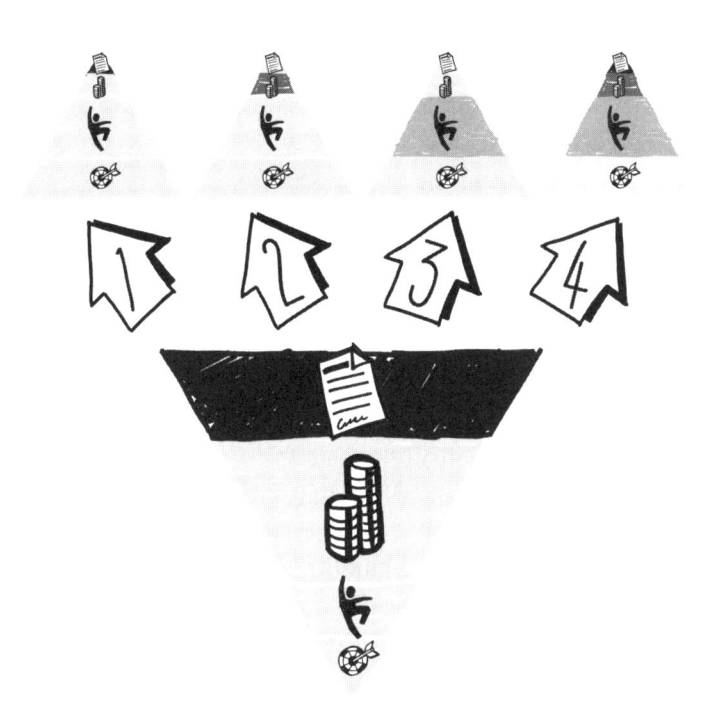

1. Alternative: Sie besitzen nur wenige Finanzprodukte mit den notwendigsten Leistungen

Ich stelle Ihnen zu jedem der sieben Lebensthemen einige Finanzprodukte vor, die Sie bei Ihren Zielen/Wünschen zum jeweiligen Thema unterstützen könnten. Manche Produkte passen zwar auch zu mehreren Themen, aber der Einfachheit halber finden Sie jedes Produkt nur einmal. Das Besondere: Es erwartet Sie keine »Produkt-Show«. Gerade weil ich wirklich finanziell unabhängig bin, rede ich niemandem nach dem Mund. Im Gegenteil: Ich zeige Ihnen zu jedem Produkt die nackte Wahrheit und den wahren Nutzen. So können Sie entweder, wenn Sie das Produkt bereits haben, prüfen, ob es (noch?) zu Ihren heutigen Zielen und Wünschen passt. Wenn nicht? Komplett weg damit, die Geldzahlungen einstellen oder die zu bezahlenden Leistungen reduzieren! Haben Sie das Produkt hingegen noch nicht abgeschlossen, dann können Sie frei entscheiden, ob und, wenn ja, wofür Sie es konkret gebrauchen könnten.

> **2. Alternative: Sie setzen Ihr Geld anderweitig zielführender und Glück brindender ein**

Ich zeige Ihnen, wie Sie manchmal schneller im Leben vorankommen, wenn Sie Ihr Geld nicht in Finanzprodukte investieren, sondern direkt in andere Dinge.

> **3. Alternative: Sie kommen aus eigener Kraft an Ihr Ziel**

Wie Sie sich viele Finanzprodukte sowie den Einsatz von Geld allein durch persönliche Aktivitäten ersparen können, erfahren Sie natürlich ebenso.

> **4. Alternative: Sie kombinieren alle Möglichkeiten nach Ihrem Gusto**

Auch eine Kombination aller drei Alternativen kann sinnvoll sein. Dazu erhalten Sie ebenfalls entsprechende Anregungen.

Ein Buch dieser Größenordnung bietet natürlich nicht genug Raum für eine Behandlung aller Finanzprodukte in der notwendigen Ausführlichkeit einschließlich aller sich bietenden Alternativen. Damit könnte ich problemlos mehrere Bücher füllen. Getreu meinem Ansatz konzentriere ich mich daher auf die Produkte, mit denen die meisten von uns zu tun haben (oder haben könnten) und zu denen es konkrete realistische Alternativen gibt. Es ist schon erstaunlich, wie viele Finanzprodukte wir Deutschen im Schnitt unser Eigen nennen. Fünfzehn oder mehr Produkte sind keine Seltenheit. Zählen Sie doch im Folgenden einfach selbst mal mit, wo Sie den Haken »Habe ich« setzen könnten oder wo Sie »Gefällt mir« sagen würden. Sie werden staunen.

Finanzprodukte werden von vielen maßlos überschätzt. Dabei lässt sich kein einziges unserer wichtigen Lebensziele allein durch einen solchen Abschluss erreichen. Ganz gleich, ob es darum geht, gesund und fit zu bleiben, eine glückliche Partnerschaft zu führen oder beruflich erfüllt zu sein – keines der folgenden Finanzprodukte ist eine direkte Hilfe auf unserem Weg zum Ziel. Sie helfen, wenn überhaupt, dann nur in kleinen Teilbereichen weiter. Das Gros des Weges müssen wir allein bewältigen, auch durch gezielten Geldeinsatz.

Wenn Sie ein für Sie wichtiges Finanzprodukt vermissen, schauen Sie ans Ende von diesem Teil (hier gebe ich in aller Kürze Anregungen zu weiteren Produkten), oder blättern Sie ans Buchende, wo Sie meine Kontaktdaten finden. Sofern möglich, werde ich Sie gern mit Rat unterstützen.

Lesen Sie bitte auch die Tipps zu solchen Finanzprodukten durch, die Sie aktuell vielleicht nicht interessieren. Sie werden dort viele überraschende Anregungen entdecken, die Sie für Ihr Leben nutzen können.

Packen Sie's an!

Finden Sie jetzt ganz individuell für sich heraus,
- was Ihnen im Leben wirklich wichtig ist,
- was Sie aus eigener Kraft dafür tun können,
- bei welchen Zielen und Wünschen Sie Geld sinnvoll unterstützen kann und
- welche Finanzprodukte oder Alternativen Sie tatsächlich auf Ihrem Weg voranbringen.

Sehr viel Leben, viele persönliche Aktivitäten, wenig Geld, sehr wenige Finanzprodukte!

Genau darum soll es jetzt in eben dieser Reihenfolge gehen. Nutzen Sie alle folgenden Inspirationen genauso, wie Sie es für sich jetzt gerade für richtig halten. Leben ist das, was wir daraus machen.

Ich bin fest davon überzeugt, dass es jedem von uns gelingen kann, finanziell wirklich unabhängig(er) zu werden, wieder häufiger selbst über sein Leben zu bestimmen und somit neue Möglichkeiten zu entdecken, um glücklich und zufrieden zu leben. Worauf warten wir noch?

Wichtig: Die folgenden Hinweise, insbesondere zu den Finanzprodukten, ersetzen keine individuellen Empfehlungen, da ich Ihre Lebenssituation, Ziele, Wünsche, Sorgen etc. nicht kenne. Ebenso kann ich natürlich nicht alle am Markt verfügbaren Finanzproduktvariationen berücksichtigen. Mir geht es vielmehr um die grundsätzlichen Produktkerne und die Frage nach der allgemeinen Sinnhaftigkeit. Alle vorgetragenen Ideen haben nur ein Ziel: Sie dazu zu inspirieren, Ihre eigenen Entschlüsse zu treffen.

Die sieben Lebensthemen:
Ziele, Finanzprodukte und Alternativen

1. Gesund und fit sein und bleiben

Wer positiv denkt, lebt leichter. Welche Macht unsere Gedanken haben, merken wir meist dann, wenn wir sie bewusst steuern. Unsere Gedanken sind nicht nur frei, sie sind auch unbegrenzt. Es kann spannend sein, auf eine innere Entdeckungsreise zu gehen und in einer ruhigen Stunde einfach mal nur zu denken. Ohne Vorgaben. Ohne Ziel. Nur mit der Muße, das, was uns in den Sinn kommt, nicht gleich zu bewerten, sondern die Gedanken weiterziehen zu lassen wie Wolken am Himmel. Vielleicht geht es Ihnen dann wie mir, dass die Gedanken von selbst stets zum Positiven hinstreben, wenn ich sie nicht davon ablenke. Was wir denken, bestimmt unser Handeln und unsere Anziehungskraft: am liebsten für das Positive. Warum lassen wir unseren Gedanken nicht ihren angeborenen positiven Lauf?
Wer sich bewusst ernährt, lebt fokussierter. Wie würde sich wohl unsere tägliche Nahrungsaufnahme verändern, wenn wir uns morgens fragten, wie viele Kalorien wir für den Tag benötigen und wodurch wir sie am besten bekommen? Ernährung ist der Treibstoff für unsere Körper-Eisenbahn. Je genauer wir wissen, welche Berge sie erklimmen, welche Täler sie durchqueren muss und wie viel Energie sie hierfür benötigt, desto klarer ist unser Fokus auf Wissen darum, was wir brauchen und was nicht. Diese Achtsamkeit hilft uns dabei, unseren Körper weder mit Energie zu überladen, noch ihn kräftemäßig zu be-

nachteiligen. Wobei das Entscheidende auch hier wieder ist: Tu genau das, was dir guttut!
Wer sich bewegt, lebt aktiver. Bewegung pumpt frische Luft in unseren Geist und Vitalität in unseren Körper. Wenn wir achtsam aktiv sind, fühlen wir uns stärker und könnten manchmal sogar Bäume ausreißen. Erst mit der richtigen Anspannung können wir eine tiefe Entspannung genießen, die wir uns verdient haben. Wie wichtig der Bewegungsfluss für unseren Körper ist, zeigt die Tatsache, dass unsere Muskelmasse schon ab dem circa 25. Lebensjahr abnimmt – um circa ein Prozent pro Jahr. Das regelmäßige Muskeltraining hält sie am Leben und bietet unseren Knochen das notwendige stützende Gerüst. Und was für unseren Körper gilt, kann für unseren Geist nicht falsch sein. Im Gegensatz zum Körper ist der Geist nicht limitiert. Nehmen wir die Einladung an und schauen wir, wie wir geistig wachsen können.

Was wünsche ich mir für meine Gesundheit?

1. Was denkt mein Körper über mich? Welche Anregungen würde er mir geben, wenn ich ihm zuhören würde?

_____

_____

2. Wie ist mein Körpergefühl nach dem Aufstehen, mittags und vor dem Zubettgehen? Wann geht's mir am besten? Warum?

_____

_____

3. Welche körperlichen Aktivitäten würde ich gern mit 85 Jahren noch ausüben können?

___

4. Was sind meine drei größten körperlichen und geistigen Stärken? Wie häufig nutze ich sie im Alltag? In welchen Momenten könnte ich sie stärker einsetzen?

___

___

___

___

5. Wenn ich die Garantie bekäme, dass ein gesundheitliches Problem, um das ich mich sorge, nicht eintreten würde, wofür würde ich diesen Freiraum nutzen?

___

___

6. In welchem Lebensalter war ich körperlich in Bestform? Was hat dazu geführt? Und wie sieht es mit meiner geistigen Bestmarke aus?

___

___

___

7. Welche meiner Muskelgruppen möchte ich aktiv bis zu meinem Lebensende nutzen? Wofür genau?

_____

_____

8. Mit welchen körperlichen oder geistigen Leistungen möchte ich andere Menschen im hohen Alter positiv überraschen?

_____

_____

9. Welches Zipperlein nervt mich schon lange? Was kann ich tun, um mein Zipperlein zu nerven?

_____

_____

10. Was müsste ich für meinen Körper und Geist tun, um ihn zumindest in der heutigen Form zu erhalten? Mit welchen Kleinigkeiten könnte ich meine Fitness verbessern?

_____

_____

Wenn Sie (ungefähr) wissen, was Ihnen für Ihre Gesundheit wichtig ist, halten Sie es schriftlich fest: am besten konkret, in der Ichform und so persönlich wie möglich. Also beispielsweise:

Ich möchte körperlich so fit sein, dass ich eine Stunde durchgehend laufen kann, ohne danach ganz aus der Puste zu sein.
Ich möchte geistig so fit sein, dass ich auch Denkaufgaben lösen kann, an denen ich heute scheitere.
Ich möchte wissen, welche Nahrung meinem Körper guttut und was ihm aus welchen Gründen schadet.

Wenn Sie Ihre Ziele/Wünsche gefunden haben, überlegen Sie gern, was Sie aus eigener Kraft dafür unternehmen können, um sie möglichst zu erreichen oder ihnen näher zu kommen.

	Meine zehn wichtigsten Gesundheitsziele und -wünsche und was ich aus eigener Kraft und mit Geld dafür tun möchte			
	Mein Ziel/ Wunsch	Meine eigenen Aktivitäten	Meine Geldunterstützung € ____ Wofür ____
1			
2			
3			
4			
5			
6			
7			
8			
9			
10			

Welche Finanzprodukte könnten mich zusätzlich unterstützen, und welche Alternativen habe ich hierzu?

📄 Die private Krankenzusatzversicherung

Mit einer privaten Krankenzusatzversicherung können Sie sich durch heutige Geldzahlungen das Anrecht auf die Inanspruchnahme späterer Gesundheitsleistungen sichern, zum Beispiel die Wahlmöglichkeit der Klinik oder eines Spezialisten, den Einsatz alternativer Heilverfahren oder auch hochwertige Brillen – je nach gewünschten Inhalten. Diese Versicherung kann für Sie sinnvoll sein, wenn Sie davon ausgehen, dass weder Ihre eigenen Aktivitäten noch die Leistungen Ihrer gesetzlichen Krankenversicherung für Ihren Gesundheitserhalt ausreichen. Oder wenn Sie davon überzeugt sind, dass trotz Ihrer Aktivitäten größere Probleme auftreten könnten, auf die Sie keinen Einfluss haben.

Bedenken Sie bitte: Die Leistungen, für die Sie heute bezahlen, nehmen Sie später vielleicht gar nicht (alle) in Anspruch. Das heißt, Teile des Geldes zahlen Sie im Zweifel umsonst. Wenn Sie sich dafür entscheiden, sollten Sie sich VOR einem Produktabschluss selbst überlegen, wofür oder wogegen Sie sich gesundheitlich versichern möchten. Machen Sie sich erst dann auf die Suche nach dem passenden Produkt – mit den exakt zu Ihren Zielen, Wünschen und Sorgen passenden Leistungen. So stellen Sie sicher, dass Ihre private Krankenzusatzversicherung genau das abdeckt, was Sie brauchen, und Sie nichts unnötig bezahlen.

Geldalternativen zur privaten Krankenzusatzversicherung

Sie könnten Geld zurücklegen und es bei Bedarf für notwendige Gesundheitsleistungen verwenden. Viele Leistungen kosten kein Vermögen (auch wenn man uns das gern einreden möchte!) und können – je nach heutigem Alter und monatlicher Sparrate – selbst angespart werden. Ihr Vorteil: Wenn Sie später weniger zuzahlungspflichtige Gesundheitsleistungen benötigen als gedacht, können Sie das verbleibende Geld für etwas anderes verwenden. Auch könnten Sie Ihr Geld bereits heute in Ihre Gesundheit investieren, um sogleich einen direkten Nutzen zu spüren. Wenn Sie zum Beispiel beschließen, die vielleicht verfügbaren 100 Euro pro Monat für die nächsten drei Jahre NICHT in eine private Krankenzusatzversicherung zu investieren, sondern direkt gesundheitsfördernd auszugeben, was könnten Sie sich dafür an Gegenwert leisten, was sich sofort positiv auf Ihre Gesundheit auswirkt? 3.600 Euro sind viel Geld. Sie könnten sich eventuell einen rückenschonenden Stuhl kaufen, um Ihre Bandscheiben zu entlasten und zu aktivieren. Das wäre ideal, wenn Sie beruflich ohnehin viel im Büro sitzen. Eine Mitgliedschaft im Sportverein wäre in dieser Summe ebenso noch drin wie ein Blutbild, das Ihnen aufzeigt, in welchen Bereichen Sie vielleicht unterversorgt sind, sodass Sie mit der passenden Nahrung aktiv gegensteuern können, bevor hierdurch vielleicht ein unnötiger Mangel entsteht. Oder Sie investieren das frei gewordene Geld in Fitnessutensilien für zu Hause, gönnen sich ein forderndes und förderndes Sporthobby oder, oder, oder. Was denken Sie: Wie viele Krankenzusatzleistungen könnten Sie sich durch diese direkten Gesundheitsinvestitionen (er-)sparen und zugleich heute bei (noch) besserer Gesundheit sein? Und wie viele »Gesundheitsversicherungen« bräuchte man noch, wenn wir selbst aktiver für uns vorsorgen würden?

ꞃ Persönliche Alternativen oder Ergänzungen zum Geldeinsatz und zur privaten Krankenzusatzversicherung

Gezielte körperliche Aktivitäten unterstützen uns dabei, unsere Muskeln zu kräftigen, sie flexibel zu halten. Ein gutes Muskelgerüst wird uns auch in reiferen Jahren gut durchs Leben tragen. Bewusstes Training für unseren Geist hält uns gedanklich flexibel und sorgt dafür, dass wir problemlos mit der Zeit und ihren Veränderungen umgehen und so intensiv wie möglich daran teilhaben. Achtsame Ernährung und das Wissen, was unserem Körper guttut und was ihm schadet, sorgen von innen für einen gesunden Körper. Wir spüren mehr Vitalität, die wir zur Aktivität nutzen können. Ruhezeiten und Entspannung halten unseren Geist und Körper in der Balance und sorgen für möglichst viele positive Gedanken. So schaffen wir eine gute Basis für unsere Gesundheit – ganz ohne Geld. Übrigens: Wir können auch von einzelnen Leistungen der privaten Krankenzusatzversicherung her zurück ins Leben denken. Eine Brille kann man beispielsweise zumindest so lange wie möglich vermeiden, wenn man genügend Abstand zum Fernseher, Computer oder Smartphone hält, wenig Zeit damit verbringt und für ausreichend Augenentspannung sorgt.

ꞃ 🪙 📄 Die Kombination aller drei Möglichkeiten

Angenommen, es ist Ihr Ziel oder Wunsch, im Alter bestmöglich ärztlich versorgt zu sein. Natürlich können Sie in diesem Fall eine private Krankenzusatzversicherung abschließen, beispielsweise für 100 Euro monatlich. Sie erkaufen sich damit aber heute lediglich die Möglichkeit, später teilweise ohne weitere Zuzahlung von den gewählten Leistungen Gebrauch machen zu können.

Andererseits sind die Möglichkeiten vielfältig, selbst präventiv tätig zu sein. Solche Aktivitäten erhöhen die Wahrscheinlichkeit, dass Sie länger gesund bleiben. Es könnte Sinn machen, nicht die angenommenen 100 Euro für den Abschluss einer privaten Krankenzusatzversicherung zu investieren, sondern vielleicht nur die Hälfte. Die anderen 50 Euro könnten Sie auf ein selbst angelegtes Gesundheitskonto zahlen und ein finanzielles Polster ansparen, mit dem Sie ärztliche Sonderleistungen direkt bezahlen. Und zwar nur dann, wenn sie auch anfallen. Teilen Sie Ihr Geld so auf die drei Möglichkeiten auf, wie Sie es für richtig halten. Vielleicht empfiehlt sich auch die Variante, nur 50 € für die Versicherung und 50 € für den Besuch eines Fitnessstudios aufzuwenden, wo Sie nicht nur etwas für Ihre körperliche Gesundheit tun können, sondern auch Kontakte knüpfen, Freundschaften finden und sich von den Lebenseinstellungen und Erfahrungen anderer Menschen inspirieren lassen können.

Es ist außerdem ratsam, vor dem Abschluss einer privaten Krankenzusatzversicherung einen fachkundigen Arzt Ihres Vertrauens aufzusuchen, der Sie gründlich auf Herz und Nieren checkt, der Ihre Familiengeschichte kennt, mögliche Erbkrankheiten, Vorbelastungen, Allergien, Unverträglichkeiten u.s.w. Wenn Sie ihn nach diesem ausführlichen individuellen Check fragen, welche Gesundheits*zusatz*leistungen er aufgrund seiner Untersuchungsergebnisse und Kenntnisse in Ihrem Fall für sinnvoll (oder unsinnig) erachtet, können Sie sich Ihr eigenes Urteil bilden. Ich weiß: Alle diese Empfehlungen sind viel aufwendiger, als einfach mal schnell irgendeine private Krankenzusatzversicherung abzuschließen (zum Beispiel »günstig« im Internet). Doch überlegen Sie einmal, wie viele Jahre Sie hierfür Geld zahlen und welch große Summe am Ende dabei zusammenkommen kann. Überdies: Was bringt Ihnen eine Versicherung, die Ihnen im Ernstfall gar nicht weiterhilft, weil Sie zum Beispiel die Vertragsbedingungen nicht genau gelesen oder sich damals für andere Leistungen entschieden haben als die, die Sie heute gebraucht hätten? Manchmal ist es sogar zielführender, statt eines Finanzprodukts einen Trainingsschuh zu kaufen.

📄 Die Zahnzusatzversicherung

Die Zahnzusatzversicherung erstattet Ihnen zahnärztliche Behandlungskosten, die von der gesetzlichen Krankenversicherung nicht gedeckt werden. Hierzu können Leistungen zählen wie Zahnbehandlung, Zahnersatz, Prophylaxe oder Kieferorthopädie. Die Zahnzusatzversicherung deckt jedoch nie alle anfallenden Kosten zu 100 Prozent ab. Meist zahlen Sie kräftig mit, wenn Sie schon nicht mehr kräftig zubeißen können. Und im Bedingungs- und Tarifdschungel der vielen Anbieter blickt kaum jemand durch. Also einfach blind etwas abschließen, am besten den »Testsieger« oder den günstigsten Anbieter? »Testsieger« heißt noch lange nicht, dass das Getestete gut oder nützlich ist, geschweige denn, dass wir es auch für unser Leben brauchen. Sind alle Getesteten mangelhaft, gibt es trotzdem einen »Testsieger«. Hinter TOP steckt FLOP. Und wussten Sie, dass man sich viele »Qualitäts- und Testsiegel« (er-)kaufen kann (insbesondere in der Finanzindustrie)!? Ich kenne etliche Fälle, in denen nur EIN Berater einer Bank mit zum Beispiel mehreren tausend Mitarbeitern EINMAL von einem »unabhängigen« Unternehmen getestet wurde und dann das Siegel »Beste Bank in der Region« oder »Exzellente Beratungsqualität« erhielt. Und ein günstiges Angebot bedeutet nicht, dass damit auch mein Bedarf gedeckt ist. Ebenfalls sollten wir auf die Verlockung der »eingeredeten Ängste« achten, die uns aus Werbebroschüren zuflüstern: »Wusstest du, wie viele Menschen Zahnprobleme haben? Und weißt du, was Zahnbehandlungen heute kosten? Viele 1.000 Euro. Kauf mich, ich beschütze dich davor!« Unsinn!

🖎 Persönliche Alternativen oder Ergänzungen zum Geldeinsatz und zur Zahnzusatzversicherung

Wann bräuchte man keine Zahnzusatzversicherung? Zum Beispiel wenn man gute Zähne, stabile Kieferknochen und gesundes Zahnfleisch besitzt, sich zahnförderlich ernährt, sie so hegt und pflegt, wie sie es brauchen, und im Idealfall keine erblichen Vorbelastungen mitbringt. Wie schätzen Sie den Gesundheitszustand Ihres Mundraums ein? Wie viele Ihrer Zähne bräuchten mehr Aufmerksamkeit? Was könnten Sie noch besser machen im Sinne gesunder Zähne? Ich bin oft erstaunt, wie viele Menschen eine Zahnzusatzversicherung besitzen und ihre Zähne augenscheinlich schlechter pflegen als ihr Auto. Warum auch, schließlich hat man ja eine Versicherung, die im (Zahn-)Fall zahlt.

Okay, wir bewahren uns nicht zu 100 Prozent vor Zahn- und Mundproblemen, selbst wenn wir beim Putzen und Pflegen alles oder zumindest vieles richtig machen. Es hilft jedoch erheblich wie regelmäßige Prophylaxe.

📄 Die private Pflegeversicherung

Vorweg: Eine Pflegeversicherung schützt Sie nicht davor, pflegebedürftig zu werden. Logisch, aber dieses Bewusstsein ist elementar, denn die meisten Menschen haben mehr Angst davor, zum (schweren) Pflegefall zu werden, als davor, in diesem Fall nicht genügend Geld parat zu haben. Diese private Versicherung (zusätzlich zur gesetzlichen!) unterstützt Sie im Pflegefall, damit Sie sich die versicherten Pflegeleistungen finanziell leisten können. Sie kann sinnvoll für Sie sein, wenn Sie davon ausgehen, dass Sie fremde Pflegehilfe entgeltlich »einkaufen« müssen und Ihre Rente sowie Ihr bis dahin angesammeltes Geld (und gegebenenfalls das des Partners) dafür nicht ausreichen werden.

Empfehlenswert ist es auch hier, sich genaue Gedanken zu machen, wovor man sich durch heutige Geldzahlungen später finanziell schützen möchte. Wenn Sie zum Beispiel die häufigsten Gründe kennen, warum Menschen pflegebedürftig werden, können Sie besser abschätzen, was Sie gegebenenfalls vorbeugend unternehmen können. Dazu gleich mehr. Mit diesem Wissen ist es im Bedarfsfall auch leichter, eine Pflegeversicherung zu finden, die wirklich zu dem passt, was Sie wollen, und deren etwaige Risiken und Nebenwirkungen Sie akzeptieren können. So ist zum Beispiel bei manchen Versicherungen das Geld weg, wenn Sie vor Inanspruchnahme von Pflegeleistungen versterben. Ebenso wird natürlich erst dann gezahlt, wenn Sie pflegebedürftig werden und die von Ihnen gewählte Pflegestufe erreichen.

Aber: Welche Stufe kommt für Sie später infrage? Woher sollen Sie das heute schon wissen? Wählen Sie also aus Angst lieber die bestmögliche Rundumversorgung, die Sie schon heute extrem viel Geld kostet, das Sie vielleicht umsonst ausgeben? Oder nehmen Sie die günstigste Variante mit der Ungewissheit, ob sie später ausreicht, um die Pflegekosten zu decken? Auch bei dieser Versicherung ist, wie bei fast allen, vieles eine Frage IHRER persönlichen Einschätzung. Für wie wahrscheinlich halten Sie es, dass Sie ein Pflegefall werden? Aktuell gelten circa 3 Prozent der Gesamtbevölkerung als pflegebedürftig. Wobei diese Menschen weder alle komplett immobil noch dement sind. Auch in Sachen Pflegebedürftigkeit gibt es große Schwankungsbreiten: von wenig einfacher Unterstützung bis hin zu viel intensiver Fürsorge. Ganz gleich, welche Statistiken Sie hierzu finden, pfeifen Sie bei Ihrer persönlichen Abwägung und Entscheidung bitte darauf. Keine Statistik ersetzt die eigene Entscheidung!

Ignorieren Sie bitte auch die Tatsache, dass Aufwendungen für eine private Pflegeversicherung staatlich gefördert werden können. Kaufen Sie kein Produkt, nur weil es gefördert wird, wenn Sie sich ohne eine Förderung dagegen entschieden hätten.

🪙 Geldalternativen zur privaten Pflegeversicherung

Anstatt Geld in diese Versicherung zu investieren: Legen Sie es zur Seite und kaufen Sie sich im Pflegefall externe Hilfe dazu. Wenn Sie unsicher sind, ob Ihr Gespartes plus Ihre späteren Einnahmen ausreichen, etwa Ihre Rente (plus vielleicht die Ihrer Partnerin/Ihres Partners), denken Sie auch an vorhandene Werte, zum Beispiel Haus, Auto oder Schmuck. Wenn Sie irgendwann vor der Wahl stehen, wie Ihre Pflege finanziert werden soll, erinnern Sie sich, dass Sie auch hier stets eine Wahl haben. Vielleicht brauchen Sie dann weder Ihr Auto noch Ihr Haus. Auch Besitz kann gegen Pflegeleistungen eingetauscht werden. Wie weit dieses Geld dann reicht, ist eine andere Frage. Aber wer sagt denn, dass Pflegeleistungen lebenslang gebraucht werden? Oder dass per se die teuerste »Kategorie« am sinnvollsten ist?

Vielleicht wollen Sie im Pflegefall gar nicht in Deutschland wohnen, sondern im Ausland, etwa im Süden, wo die Sonne lacht und Sie vielleicht mehr Lebensqualität erhalten. Dann ist es sinnvoller, sich im gewünschten Auswanderungsland über die Pflegemöglichkeiten und -kosten zu informieren. Es könnte sein, dass hier eine Pflege, die Ihnen reicht, für weniger Geld möglich ist oder dass die neu gewonnene Lebensqualität ein gewisses Weniger an Pflegequalität ausgleicht. Was für Sie richtig ist, können nur Sie entscheiden. Keine Bundesregierung. Keine Versicherungsgesellschaft. Kein »Experte« oder »Berater«. Sie haben die freie Wahl, die bedingt, dass Sie viele Alternativen kennen, BEVOR Sie sich für oder gegen etwas entscheiden.

❦ Persönliche Alternativen oder Ergänzungen zum Geldeinsatz und zur Pflegeversicherung

Wenn man weiß, dass Schlaganfälle, Herzerkrankungen oder Demenz häufige Gründe für eine Pflegebedürftigkeit sind (auch in Verbindung mit gegebenenfalls darauf folgenden Stürzen), warum werden Sie nicht selbst aktiv, um entsprechend vorzubeugen? Gutes für den Körper, den Geist und die Seele zu tun hilft auch hier. Wer seine Muskeln auf Trab hält, genügend reines Wasser trinkt und ausreichend Vitamine zu sich nimmt, beugt ebenso ein Stückchen vor wie alle, die häufig mit anderen diskutieren, Denksport betreiben oder ihre Gehirnwindungen anderweitig herausfordern. Die Wahrscheinlichkeit, dass diese Maßnahmen helfen, ist sicherlich nicht kleiner als die Wahrscheinlichkeit, dass Sie später pflegebedürftig werden – ganz im Gegenteil.

Wenn Sie sich um eine mögliche Pflegebedürftigkeit sorgen, denken Sie nicht nur an das Geld, das Sie dann benötigen. Was bringt Ihnen eine finanziell abgesicherte Pflege, wenn keiner Sie besucht – außer dem Pflegepersonal? Wenn Sie wollen, dass Sie später von wem auch immer gegen Geld oder geldlos Pflege erhalten, pflegen Sie heute Ihre sozialen Kontakte zu den Menschen, die Ihnen am Herzen liegen und die Sie auch oder gerade dann so oft wie möglich um sich haben möchten. Fragen Sie sich, ob und wie Ihr Partner/Ihre Partnerin, Ihre Kinder oder andere Familienangehörige Sie in einem möglichen Pflegefall unterstützen könnten und würden. Natürlich will niemand von uns anderen zur Last fallen. Erst recht nicht den Kindern. Aber wissen wir, ob diese das auch so sehen oder sich nicht vielleicht lieber um uns kümmern würden, wenn sie es fachlich, zeitlich und persönlich können, als uns Fremden oder einer Pflegeeinrichtung zu »übergeben«? Fragen kostet nichts, und Gespräche helfen – insbesondere bei solch wichtigen Themen. Sollten Ihre Lieben sich keine eigene 100-Prozent-Pflegeunterstützung vorstellen können, ist vielleicht eine Mischung aus externer und Familienhilfe möglich. Ein gutes soziales Umfeld ist nicht nur im Notfall wichtig – es sorgt ebenso dafür, dass es uns schon heute gut geht.

📝 Diese Finanzprodukte möchte ich zusätzlich nutzen

1. Finanzprodukt	2. Dieses Ziel möchte ich damit erreichen	3. Das bin ich bereit, monatlich dafür auszugeben
☐ *Private Krankenzusatzversicherung*		€
☐ *Zahnzusatzversicherung*		€
☐ *Private Pflegeversicherung*		€

2. Eine glückliche Partnerschaft führen

Ein liebender Partner, mit dem man das Leben gemeinsam genießt, Freude ebenso teilt wie Sorgen und Gedanken – wer wünscht sich das nicht!? Lieben dürfen und geliebt zu werden gehört sicherlich zum Schönsten, was unsere Welt zu bieten hat. Was wir allein nicht schaffen, schaffen wir vielleicht zusammen. Mit einem Partner an der Seite, mit unserem Partner, gelingt uns mehr im Leben. Ein Partner bereichert uns, weil er neue Facetten mitbringt, andere Ansichten, Einstellungen und Erfahrungen. Schnell lernen wir, wie wichtig Kompromisse sind.

Wenn zwei Leben auf einmal gemeinsam gehen, stellen sich schnell spannende Fragen: Gehen beide in die gleiche Richtung? Im selben Tempo? Hand in Hand? Stimmen die Partner beim Ziel ebenso überein wie bei ihrer Motivation, dieses erreichen zu wollen?
Nimmt sich jeder die Freiheiten, die er oder sie braucht? Akzeptiert der eine das zeitweise Wandeln auf eigenen Pfaden des anderen und sieht es als Bereicherung für das gemeinsame Leben an? Kaum etwas ist so spannend und erfüllend zugleich wie eine wahre Partnerschaft, die liebevoll gibt, ohne eine Gegenleistung zu fordern, und dankend erhält, ohne es zu erwarten.

Was wünsche ich mir für meine Partnerschaft?

1. Warum wollen Sie nur Ihren Partner/Ihre Partnerin an Ihrer Seite haben und keine/n andere/n?

   _____

   _____

2. Warum hat sich Ihr Partner/Ihre Partnerin damals für Sie entschieden? Was faszinierte ihn/sie an Ihnen?

   _____

3. Welche Herausforderungen haben Sie bereits gemeinsam gemeistert? Und mit welchen sind Sie gerade konfrontiert?

   _____

   _____

4. Welches Projekt oder Hobby würden Sie mit Ihrem Partner/Ihrer Partnerin gern zusammen in Angriff nehmen?

5. Welche Momente zu zweit genießen Sie am meisten? Und welche allein?

6. Was bringen Sie in Ihre Beziehung ein? Was erhalten Sie?

7. Was würden Sie an Ihrem Partner/Ihrer Partnerin ändern, wenn Sie könnten? Warum? Und welche Veränderungen würden umgekehrt anfallen?

8. Wenn Sie verbindlich festlegen könnten, wie sich Ihre Beziehung in Zukunft entwickelt: Für welche Richtung würden Sie sich entscheiden? In welcher Hoffnung?

_____

_____

9. Was sind die drei schönsten gemeinsamen Erlebnisse, die Sie beide zusammen erlebt haben?

_____

_____

10. Wann ist Ihre Beziehung Vergnügen? Und wann Arbeit?

_____

_____

Führen Sie sich vor Augen, was Ihnen wichtig ist, indem Sie es direkt notieren, zum Beispiel:

Ich möchte einen Lebensweg mit meiner Partnerin/meinem Partner, den wir beide genießen, auf dem wir gemeinsame Ziele erreichen können, aber wo jeder von uns seine Freiheiten ausleben kann.

Ich möchte meiner Partnerin/meinem Partner auch dann noch verliebt in die Augen sehen, wenn ich ohne Brille nichts mehr erkennen kann.

Haben Sie alle oder die wichtigsten Ziele und Wünsche notiert, fragen Sie sich gleich, was Sie selbst dafür unternehmen können. Bei kaum einem anderen Lebensthema brauchen wir so wenig Geld, um mit unserem Partner/unserer Partnerin glücklich zu sein (vielleicht für kleine Überraschungen oder gemeinsame Aktivitäten). Und Finanzprodukte? Können hierbei nicht wirklich weiterhelfen. Dennoch habe ich zwei ausgewählt, die einigen Menschen als Absicherung für den Partner/die Partnerin wichtig sein könnten. Dies soll aber nicht davon ablenken, dass hierbei (fast) alles in unserer Hand liegt. Nutzen wir sie doch gleich aktiv!

	Mein Ziel/ Wunsch	Meine eigenen Aktivitäten	Meine Geldunterstützung € ____ Wofür ____
Meine zehn wichtigsten Partnerschaftsziele und -wünsche und was ich aus eigener Kraft und mit Geld dafür tun möchte			
1			
2			
3			
4			
5			
6			
7			
8			
9			
10			

Welche Finanzprodukte könnten mich zusätzlich unterstützen, und welche Alternativen habe ich hierzu?

📄 Die Risikolebensversicherung

Eine Risikolebensversicherung zahlt, wenn Sie versterben, eine festgelegte Summe an denjenigen, den Sie im Vertrag als Begünstigten angegeben haben. Dieses Finanzprodukt kann für Ihr gutes Lebens- oder – treffender – Ablebensgefühl sinnvoll sein, wenn Sie einen Partner/eine Partnerin und/oder Kinder haben und denken, dass diese im Falle Ihres Ablebens in finanzielle Not geraten, aus der sie weder durch vorhandene Ersparnisse/Werte/Einkommen/Renten noch durch eigene Erwerbstätigkeit oder die Hilfe anderer Familienangehöriger herauskommen. Sie zahlen hiermit heute Geld, damit jemand anders, der Ihnen hoffentlich am Herzen liegt, Geld bekommt.

Wenn Sie zum Beispiel als alleinverdienendes Familienoberhaupt mit mehreren Kindern und einer Partnerin, die Ihr »Familienunternehmen« unentgeltlich für Sie alle managt, in einem fremdfinanzierten Haus wohnen, das Sie noch viele Jahre abbezahlen müssen, kann eine solche Versicherung sinnvoll sein. Es sei denn, Ihr Partner/Ihre Partnerin braucht diesen »Schutz« nicht, weil er/sie sich vorstellen kann, das Haus im Notfall auch zu verkaufen und in eine Mietwohnung zu ziehen, halbtags zu arbeiten, Hilfe der Eltern in Anspruch zu nehmen (zum Beispiel durch Schenkung, vorzeitiges Erbe, Kinderbetreuung, Haushaltshilfe etc.) oder, oder, oder. Entscheidend ist nie, ob ein Finanzprodukt grundsätzlich Sinn macht, sondern ob Sie es in Ihrer Lebenssituation, -planung und -einstellung als echte Mehrwert bietende Unterstützung gebrauchen können.

Im Abschlussfall sollten Sie neben den Bedingungen, wann die Versicherung zahlt, vor allem auf die Höhe der im Versicherungsfall zahlbaren Geldsumme achten. Ist diese zu niedrig, hilft sie später weder der begünstigten Person noch heute Ihnen für das gute Absicherungsgefühl. Ist sie allerdings zu hoch, geben Sie lange Zeit viel Geld für etwas aus, von dem Sie wollen, dass es möglichst erst sehr, sehr spät eintrifft.

Grundsätzlich ist es auch hierbei hilfreich, sich vor einer Abschlussentscheidung mehrere Fragen zu stellen, um besser einschätzen zu können, ob der Person, die Sie mit Geld nach Ihrem Tod begünstigen wollen, damit überhaupt geholfen ist. Sie könnten sich zunächst fragen, wie hoch Sie die Wahrscheinlichkeit einschätzen, dass Sie vor dem 65. Lebensjahr versterben. Sie wissen das nicht – schon klar. Und passieren kann auch immer etwas Unvorhergesehenes – schon recht. Aber es ist nun einmal so, dass der überwiegende Teil von uns Menschen nach dem 65. Geburtstag das Zeitliche segnet. Wenn Sie davon ausgehen, dass es Ihnen nicht anders ergeht: Wie alt sind Ihr Partner/Ihre Partnerin und/oder Ihre Kinder dann? Haben sie bis dahin genügend eigenes Geld zur Verfügung oder weiteres in Aussicht, das zum Beispiel durch Ihr Erbe anfällt? Brauchen sie die Versicherungssumme also zwingend?

Überlegen Sie gut, wen Sie warum begünstigen wollen und ob Sie dem- oder derjenigen davon erzählen. Damit der oder die Betreffende nicht mehr Interesse am Erhalt der vereinbarten Summe entwickelt als an Ihnen. Oder dass Sie nicht durch den Abschluss und Ihre Begünstigtenwahl später eher für Zoff im Familienkreis sorgen. Unsere Hinterbliebenen sollten durch unseren Tod nicht reich an Geld, sondern reich an Erinnerungen werden. An niemandem von uns klebt ein Preisschild. Müssen wir uns selbst eines ankleben?

🪙 Geldalternativen zur Risikolebensversicherung

Angenommen, Sie sparen den Betrag, den Sie einmalig oder monatlich für eine Risikolebensversicherung ausgeben würden: Erfüllt die sich über die Jahre vermehrende Summe gegebenenfalls bereits den von Ihnen gewünschten (Hilfs-)Zweck für die gewünschte Person? Wem genau würden Sie finanziell eigentlich helfen wollen? Befragen Sie die auserwählte Person doch einfach, ob sie das überhaupt möchte (auch in dem Wissen, dass Sie dafür heute bereits Geld aufwenden, das Sie dadurch nicht für Ihr Leben nutzen können). Vielleicht wünscht sie sich von Ihnen etwas ganz anderes – und zwar zu Lebzeiten.

Wenn Sie Ihren Kindern zum Beispiel finanziell etwas hinterlassen wollen: Warum überweisen Sie ihnen das für diese Versicherung vorgesehene Geld nicht direkt heute zur freien Verwendung (oder über Jahre in kleinen »Raten«)? Wenn Sie Ihren Partner/Ihre Partnerin unterstützen möchten: Vielleicht bringt es ihr oder ihm mehr, wenn Sie statt der Monatsbeiträge öfter gemeinsam essen oder ausgehen. Tauschen Sie das Geld in gemeinsame Erlebnisse ein. Diese Erinnerungen werden bleiben, auch wenn Sie und Ihr Geld nicht mehr sind.

🕯 Persönliche Alternativen oder Ergänzungen zum Geldeinsatz und zur Risikolebensversicherung

Was können wir selbst tun, um lange am Leben zu bleiben? Welchen Gefahren setzen Sie sich aus? Wie fahren Sie Auto? Haben Sie riskante Hobbys? Tragen Sie Schutzkleidung, wenn es notwendig wäre? Haben Sie viel negativen Stress (oder machen Sie ihn sich ohne Grund)? Brauchen Sie immer »höher, schneller, weiter« oder bringt Sie Langsamkeit vielleicht schneller (und gesünder) ans Ziel? Mehr Achtsamkeit mit uns selbst kann nie schaden. Und wenn man zum Beispiel weiß, dass die meisten Menschen in Deutschland an Herz-Kreislauf-Erkrankungen sterben, könnte man sich ja fragen, was man für seine Gesundheit tun kann, um diese Statistik nicht mit dem eigenen Tod zu bereichern.

Ein Testament kann uns das gute Gefühl geben, dass wir alles in unserem Sinne geregelt haben. Handschriftlich ist »Mein letzter Wille« in wenigen Minuten erstellt, und wenn das Testament sicher verwahrt wird (und jemand anderes davon weiß, der möglichst nicht vor einem stirbt), reicht das meist schon vollkommen aus. Ebenso ist es ratsam, dass Sie und Ihr Partner (oder Ihre Kinder) gegenseitige Kontovollmachten einrichten, wenn Sie keine Gemeinschaftskonten haben. Hierdurch kommt jeder jederzeit an das Geld des anderen heran (natürlich nur, wenn Sie dies wollen). Haben Sie das nicht geregelt, kann es später unnötigen Stress geben – zum Glück nur für den Überlebenden.

📖 Die private Unfallversicherung

Die private Unfallversicherung zahlt Ihnen eine einmalige Geldsumme, wenn Sie durch einen Unfall zum Invaliden werden, also danach dauerhaft körperlich und/oder geistig beeinträchtigt sind. Sie zahlt in der Regel nicht, wenn Sie den Unfall durch Alkoholeinfluss oder das bewusste Eingehen besonderer Risiken (etwa bei gefährlichen Sportarten) selbst (mit)verschuldet haben. Gezahlt wird ein prozentualer Anteil der vereinbarten Versicherungssumme – je nachdem, was Ihnen dann fehlt. Für einen fehlenden Arm gibt's beispielsweise eine 70-prozentige Auszahlung, eine Hand bringt 55 Prozent. Auch in Sachen Invalidität gibt es unzählige Variationsmöglichkeiten.

Bei leichten Fällen zahlt die Versicherung nicht oder nur sehr wenig – dafür brauchen Sie keine abzuschließen. Das sind übrigens die Versicherungsangebote, die Sie zum Beispiel mit »günstigen Monatsraten« locken. Aber auch wenig Geld ist nutzlos ausgegeben, wenn es Ihnen wenig oder gar nichts an brauchbaren Gegenleistungen bringt. Für die finanzielle Unterstützung im Fall schwerer Folgen muss die Versicherungssumme hingegen so hoch sein, dass Sie dafür bereits heute jeden Monat viel Geld bezahlen. Ohne zu wissen, ob Sie das Geld je wiedersehen (was Sie per se sowieso nicht wollen). Und wenn solch ein Fall wirklich eintritt, reicht das ausgezahlte Geld meist sogar nur für kurze Zeit, weil dann beispielsweise ein aufwendiger Umbau des Hauses oder des Autos alles oder einen Großteil verschlingt. Wer sich hierfür entscheidet, sollte sich auf diese finanzielle Absicherung allein nicht verlassen, sondern auf jeden Fall eigene Vorkehrungen treffen – finanziell und persönlich.

Niemand kann Ihnen sagen, ob Sie jemals invalide werden UND ob Ihnen dann eine private Unfallversicherung finanziell wirklich weiterhilft. Übrigens: Die gesetzliche Unfallversicherung springt Ihnen finanziell zur Seite, wenn Sie auf Ihrer Arbeitsstätte oder auf dem Weg dorthin einen Unfall erleiden. Das ist ja schon mal etwas. Allerdings passiert die Mehrzahl der Unfälle in unserer Freizeit. Der größte Anteil an dauerhaften körperlichen Schäden wird jedoch durch Krankheiten verursacht, die aber logischerweise auch in einer privaten Unfallversicherung nicht mitversichert sind. Das fügt ihrem tatsächlichen Nutzen für uns ein weiteres großes Fragezeichen hinzu.

☙ Persönliche Alternativen oder Ergänzungen zum Geldeinsatz und zur privaten Unfallversicherung

Vorsicht und Augen auf! Das ist der beste Tipp, um Unfällen aus dem Weg zu gehen (neben: »Verlassen Sie nie Ihre Couch!«). Außer dem Pflegen der sozialen Kontakte, die einen bei Unfallfolgen unterstützen können, und die vorbeugende Achtsamkeit mit sich selbst, seiner Umwelt und im Straßenverkehr bleiben nur zwei hilfreiche Dinge, die nichts kosten: die Patientenverfügung und die Vorsorgevollmacht.

Wenn wir nach einem Unfall im Krankenhaus liegen, kommt diesen beiden Papieren eine unheimlich wichtige Rolle zu. Mit einer Patientenverfügung legen Sie nämlich für den Fall, dass Sie Ihren Willen später nicht mehr wirksam erklären können, schon heute bei klarem Bewusstsein fest, welche Behandlungen Sie an sich zulassen wollen und welche nicht. Wollen Sie im Falle eines Komas mit lebensverlängernden Maßnahmen künstlich am Leben erhalten werden oder nicht? Weil die Patientenverfügung meistens nicht regelt, welche Personen die sich daraus ergebenden Entscheidungen treffen, empfiehlt sich zusätzlich eine Vorsorgevollmacht, mit der Sie heute eine Person bestimmen, die Ihr vollstes Vertrauen genießt und die im Falle des Falles für Sie entscheiden darf/soll (diese Person kann dann auch Bank- oder Versicherungsgeschäfte für Sie regeln). Solche Entscheidungen heute bei klarem Bewusstsein zu treffen und sie rechtssicher und rechtswirksam zu machen hat viel mit Unabhängigkeit zu tun, auch wenn man es später real nicht mehr ist. Es gibt uns das wichtige Gefühl, dass wir selbstbestimmt vorgesorgt haben – in unserem Sinne.

Übrigens: Standardvorlagen finden Sie kostenfrei im Internet. Wenn Sie diese Ihrem Hausarzt vorlegen mit der Bitte, Ihre »klaren Sinne« im Hinblick auf das Ausfüllen und Unterschreiben der Papiere mit seiner Unterschrift zu bezeugen, sind Sie bereits auf der (rechts)sicheren Seite. Ein (kostenpflichtiger) Besuch des Notars ist nicht notwendig. Viel wichtiger ist die sichere Aufbewahrung der Dokumente und dass der oder die Bevollmächtigte weiß, wo er sie finden kann.

Diese Finanzprodukte möchte ich zusätzlich nutzen

1. Finanzprodukt	2. Dieses Ziel möchte ich damit erreichen	3. Das bin ich bereit, monatlich dafür auszugeben
☐ *Risikolebensversicherung*		€
☐ *Private Unfallversicherung*		€

Diese wichtigen Vorkehrungen möchte ich weiterhin treffen

☐ *Patientenverfügung*
☐ *Vorsorgevollmacht*
☐ *Testament*
☐ *Gegenseitige Kontovollmachten*

3. Ein harmonisches Familienleben haben

Eine starke Familie schultert (fast) alles. Sie bietet Halt, fängt uns auf, gibt uns Flügel und Wurzeln zugleich. Wer zu unserer Familie gehört, bestimmen weder feste Definitionen noch die Meinungen anderer. Nur wir entscheiden, wen wir in unserem engsten Vertrautenkreis um uns herum versammeln wollen. Eltern, Schwiegereltern, Ge-

schwister, Onkel, Tanten, Cousins, Cousinen, Groß- oder Urgroßeltern, eigene Kinder, Adoptiv-, Paten- oder Enkelkinder, enge Freunde, andere geliebte Menschen oder Tiere. Eine Familie ist keine geschlossene Gemeinschaft, sondern im besten Fall eine verschworene. Mit der Familie können wir die guten Zeiten genießen, uns am Glück der anderen Mitglieder erfreuen, ihre Erfolge feiern wie unsere eigenen und allen alles von Herzen gönnen. Familie ist auch in schweren Zeiten füreinander da. Mit offenen Ohren die Probleme durch geduldiges Zuhören lindern. Und mit wachen Augen, die aufpassen.

Die Familie bietet ebenso die Chance auf einen gut gemeinten hilfreichen Rat. Weil sie sich für jeden Einzelnen interessiert und für jeden stets das Beste im Blick hat. Und wenn es einmal hart auf hart kommt, steht die Familie fest zusammen und füreinander ein. Sie bietet einen harten Panzer, der vor äußeren Schäden schützt, und innen wohlige Wärme und Gemeinsamkeit, die allein schon als Schutzschild taugen. Was auch immer im Leben passieren mag: Die Familie hilft. Uneigennützig und ohne eine Gegenleistung zu erwarten. Das ist das wirklich Faszinierende an der Familie: Sie folgt einem automatischen Grundgesetz, das sie selbst sich gibt: Die bedingungslose Liebe der Familie ist unantastbar.

Was wünsche ich mir für mein Familienleben?

1. Wer gehört zu meiner Familie, und wem habe ich was zu verdanken?

2. Mit welchem meiner Familienmitglieder möchte ich mehr Zeit verbringen? Um was zusammen zu unternehmen?

_____

_____

3. Welchen Familienstreit würde ich gern begraben? Welche Worte an wen könnten eine heilende Wirkung haben?

_____

_____

_____

4. Wenn ich vor meiner gesamten Familie eine Rede halten müsste: Was würde ich ihnen allen gern einmal mitteilen?

_____

_____

5. An jeden Einzelnen aus meiner Familie gedacht: Was hat er/sie, das ich ganz besonders an ihm/ihr schätze?

_____

_____

_____

_____

6. Was möchte ich meinen (Enkel-)Kindern mit auf ihren Lebensweg geben? Und was würde ich mir von ihnen für meinen eigenen Weg wünschen?

_____

_____

_____

_____

7. Die Lebenserfahrungen welches Familienmitglieds könnten mich bereichern? Warum und was müsste passieren, damit sie in meinem Leben einziehen können?

_____

_____

_____

_____

8. Was weiß ich über den Stammbaum/die Stammbäume meiner Familie? Was interessiert mich daran am meisten?

_____

_____

_____

9. Wer aus meiner Familie kennt mich am besten? Warum?

_____

_____

10. Dürfte ich an jedes Familienmitglied einen Wunsch richten, der garantiert in Erfüllung geht, was würde ich mir von wem wünschen? Und wer hätte wohl welchen Wunsch an mich?

_____

_____

_____

_____

Was ist Ihnen wichtig, wenn Sie an Ihre Familie denken? Nutzen Sie diese Erinnerungen aus dem Familienalbum und formulieren Sie sie um: in Ziele und Wünsche, etwa:

Ich möchte mich mit meiner gesamten Familie einmal im Jahr treffen, um gemeinsam zu lachen, zu erzählen und etwas Leckeres zu essen – am liebsten zu Weihnachten.

Ich möchte ein besseres Verhältnis zu meiner Mutter haben und mehr über ihr Leben erfahren.

Notieren Sie Ihre Ziele und Wünsche sowie alles, was Sie selbst dafür tun können. Auch hier steht viel mehr in unserer Macht, um unser Familienglück zu erreichen, als wir denken.

Meine zehn wichtigsten Familienziele und -wünsche und was ich aus eigener Kraft und mit Geld dafür tun möchte

	Mein Ziel/ Wunsch	Meine eigenen Aktivitäten	Meine Geldunterstützung € ____ Wofür ____
1			
2			
3			
4			
5			
6			
7			
8			
9			
10			

Welche Finanzprodukte könnten mich zusätzlich unterstützen, und welche Alternativen habe ich hierzu?

Die Ausbildungsversicherung

Die Ausbildungsversicherung ist eine Kombination aus Kapitallebensversicherung und Todesfallabsicherung. Sie zahlt eine garantierte Summe zu einem festgelegten Zeitpunkt an das begünstigte Kind/den jungen Erwachsenen, etwa zum Beginn der Ausbildung oder des Studiums. Versichert ist dabei das Leben desjenigen, der die Beiträge zahlt, also in der Regel Eltern, Patenonkel/-tanten oder Großeltern. Im Todesfall übernimmt das Versicherungsunternehmen alle weiteren Beitragszahlungen. Sparen zum Beispiel die Großeltern, sollten sie wissen, dass von 100 Euro Prämie nicht selten nur 50 Euro gespart werden, weil die Versicherung aufgrund des Alters ein erhöhtes Todesfallrisiko zugrunde legt (und somit eine höhere Todesfallbeitragsrate), was zusätzlich zu den normalen Verwaltungskosten nicht selten ordentlich zu Buche schlägt. Wenn Eltern oder andere (jüngere) Personen sparen, sinkt zwar der Anteil für die Todesfallabsicherung, aber mit den Kosten für die Verwaltung sorgen sie dafür, dass zu viel Geld nicht dem Kind zugutekommt, sondern nur der Versicherungsgesellschaft. Und die niedrige Verzinsung ist auch nicht der Rede wert. Außerdem stellen sich zwei Fragen:

1. Warum werden hierbei zwei Produkte miteinander verbunden, die gar nichts miteinander zu tun haben? Reicht es nicht, einfach nur Geld anzusparen? Wem nützt die eingeschlossene Todesfallabsicherung wirklich?
2. Warum stellt die Ausbildung der Kinder ein zu versicherndes Ziel dar? Ist sie nicht eher ein wünschenswertes?

Wenn Sie schon unbedingt Geld in ein Finanzprodukt investieren wollen, wählen Sie ein anderes, etwa einen Aktien-Indexfonds (ETF – Exchange Traded Fund), mit dem Sie eine reelle Aussicht auf echte Geldvermehrung haben. In diesem Fall macht sie dann auch Sinn, weil das vermehrte Geld für junge Menschen gedacht ist, die sich zum Start in ihr eigenes Leben über jeden Euro freuen und ihn sinnvoll verwenden können. Näheres zum Aktien-Indexfonds finden Sie auf Seite 240.

Sie können das Geld aber auch in andere Finanzprodukte investieren, die Sie weder Abschlussgebühren kosten noch laufende (hohe) Kosten verursachen: zum Beispiel in ein (langweiliges!) Sparbuch. Wenn Sie gehobenen Alters sind und eine Ausbildungsversicherung nur deshalb erwogen haben, weil die Versicherungsgesellschaft im Falle Ihres Todes die Beiträge bis zum Ende zahlt, legen Sie das komplette Geld, das Sie dem Kind schenken möchten, entweder einmalig auf einem Sparbuch mit seinem Namen an (dazu brauchen Sie neben der Geburtsurkunde des Kindes auch die Unterschrift der Eltern) oder auf einem Sparbuch, das auf Ihren Namen läuft, mit einem sogenannten Vertrag zugunsten Dritter, damit das Kind (der Dritte) das Geld später, zu einem Zeitpunkt Ihrer Wahl, erhält. Hierauf können Sie natürlich auch monatlich sparen, entweder aus Ihrer Rente/Ihrem Einkommen, oder Sie buchen einfach von einem bestehenden Konto um und sparen aus Ihrem Vermögen. Diese Möglichkeiten können natürlich auch andere Sparer nutzen, nicht nur Großeltern.

Geldalternativen zur Ausbildungsversicherung

Wenn Sie von Ihrem Ziel/Wunsch aus denken, können Sie das Geld, das dem Kind zugutekommen soll, auch direkt lebenszielorientiert investieren, etwa für eine spätere gute Ausbildung oder ein Studium. Denn damit dies für Ihr Kind möglich ist, benötigt es bereits vorher die Chance, sich eine gute Bildung erwerben zu können. Und bildungsfördernde Ideen gibt es en masse. Sie können (in Abstimmung mit den Wünschen des Kindes und den Eltern) Bücher oder Denkspiele verschenken, Sprachkurse oder Auslandsaufenthalte spendieren, musische Talente durch Einzelunterricht oder Instrumente unterstützen oder, oder, oder. Was auch immer Ihrem Kind auf seinem eigenen Lebensweg weiterhilft: In allen diesen Fällen verschenken Sie kein reines Geld in Form von Zahlen auf dem Kontoauszug oder Scheinen in der Hand – das vergisst das Kind später sowieso. Sie verschenken Leben – das bleibt hängen: »Mein Auslandspraktikum hat mir mein Opa ermöglicht!« Oder: »Ohne meine Oma hätte ich mir den Spanischkurs nicht leisten können!« Oder: »Die Gitarre und den Kurs habe ich von Mama/Papa bekommen.« Wenn Sie Geld im Sinne des Beschenkten in Leben wandeln, hilft es diesem meist nicht nur viel schneller und direkter weiter, sondern Sie ernten sogar permanent Zinsen – in Form von sichtbaren Fortschritten oder begeisterten Erzählungen.

Übrigens: Vielleicht ist ja auch der (Wald-)Kindergarten oder eine private Schule etwas für Ihr (Enkel-)Kind. Klar, das kostet Schulgeld, aber wenn Sie davon überzeugt sind, dass Ihr Geld hier bildungs- und entwicklungsfördernd gut angelegt ist, ist das doch viel sinnvoller als eine Ausbildungsversicherung mit der man eher Geld vernichtet, oder?

ᚠ Persönliche Alternativen oder Ergänzungen zum Geldeinsatz und zur Ausbildungsversicherung

Wenn es das Ziel einer Ausbildungsversicherung ist, unseren Kindern einen bestmöglichen Start ins (Arbeits-)Leben und/oder eine gute Bildung zu ermöglichen: Warum fragen wir uns nicht, wie wir sie mit unserer eigenen Kraft dabei unterstützen können? Damit meine ich jetzt nicht, das Neugeborene beim Chinesischkurs anzumelden oder das Kindergarten-/Schulkind täglich mit mindestens einem bildungsrelevanten Termin zu »beglücken«. Lernen muss Spaß machen, Leichtigkeit haben und dem Kind ermöglichen, in einen positiven (Lern-)Fluss zu kommen, bei dem das Lernenwollen von ihm selbst ausgeht. Unter (Leistungs-)Druck kommen Kinder früh genug. Warum verwandeln wir ihr Zuhause nicht in einen Ort der Freiheit, Stresslosigkeit, Kreativität und des Ausprobierens mit erlaubtem Fehlermachen? Einen Ort, an dem das Kind auch Kind sein darf. Natürlich können und sollten wir überlegen, was wir unserem Kind an Entwicklungsmöglichkeiten anbieten. Aber bitte alters- und bedarfsgerecht!

Je besser wir unser Kind kennen, desto leichter wird es uns fallen, die richtigen Angebote zu machen. Hierbei dürfen wir auch unsere eigene Kreativität entfalten und zum Beispiel überlegen, wie wir ein aktuelles Schulthema plastisch in einer witzigen Analogie oder mit einprägsamen Zeichnungen erklären können. Oder wie wir vielleicht gemeinsam mit unserem Kind ein Musikinstrument erlernen. Auch können wir unsere Kontakte nutzen, um Praktikumsplätze in Unternehmen zu organisieren, für deren Berufsbild sich unser Kind interessiert. Also: Seien wir kreativ und lassen wir uns von uns selbst begeistern – unserem Kind zuliebe und uns zuliebe ebenso!

📄 Die verschiedenen Kindervorsorgeversicherungen

Ob Kinderunfall-, Kinderinvaliditäts-, Kinderkrankenversicherung oder ein Mix: Die Produktvielfalt mit unterschiedlichsten Inhalten und Bedingungen ist grenzenlos. Kein Wunder, denn Kinder oder Enkel-/Patenkinder zählen zum Liebsten, was wir im Leben haben. Und das Liebste möchte man natürlich so gut wie möglich beschützen. Einverstanden, aber mit keiner der genannten Versicherungen schützen wir unsere Kinder vor Unfällen, Invalidität oder Krankheit. Wir erhalten nur Geld als »Entschädigung«. Und nur dann, wenn unserem Kind genau das zustößt, was durch die Versicherungsbedingungen abgedeckt ist.

Lassen Sie sich nicht von Bildern mit glücklichen Eltern auf Prospekten, sorgenfrei klingenden Werbebotschaften oder süßen Produktnamen blenden. Unser Nachwuchs ist für die Finanzindustrie ein Milliardenmarkt. Nicht umsonst gilt in der Werbeindustrie der Grundsatz »Kinder und Tiere ziehen immer«! Kein Wunder, dass die Kreativität in der Produkterschaffung keinerlei Grenzen kennt. Da werden »sinnvolle« Komplettlösungen beworben, durch die man sich um nichts mehr selbst kümmern muss (wieder ein leeres Verantwortungsübernahmeversprechen). Und was ist dann drin? Zum Beispiel ein Mix aus Invaliditäts-, Ausbildungs-, Krankenzusatz- und Pflegeversicherung sowie einer zusätzlichen Rentenpolice (für die Rente des Kindes!), wobei die einzelnen Produkte bei genauem Hinsehen meist so erheblich von Leistungen befreit sind, dass sie gar nicht weiterhelfen.

Denken Sie kurz noch mal an die Finanzkrise von 2008. Eines der Probleme hierbei waren die unfassbar komplexen Produktbündelungen (hier in Form von undurchsichtigen Immobilienkreditforderungen). Warum hat man das gemacht? Weil ein fauler Kredit nur dann auffällt, wenn er für sich allein steht. Verbunden mit viel anderem und verpackt in einem schönen Flyer sieht dagegen alles tipptopp aus. Wenn ein Produkt wirklich Mehrwerte zu fairen Preisen und ohne versteckte Haken bietet, dann kann es auch für sich allein stehen und braucht keine »hübschen Freunde« an seiner Seite. Meist werden jedoch gerade die Ladenhüter an einen Bestseller gekoppelt, damit sie automatisch mitverkauft werden. Idealerweise so, dass der Käufer nicht weiß, wie viel Euro er für den Ladenhüter mitbezahlen muss.

Viele Einzelverträge für die Kindervorsorge sind mit solchen Leistungen überfrachtet, die man nicht braucht, aber teuer mitkauft. Und bei aller Liebe für unsere Kinder: Wenn uns das Thema Absicherung wichtig ist, sollten wir uns als Eltern lieber zuerst um unsere eigene Absicherung kümmern. Wenn schon Vorsorge, dann mit klarem Kopf. Und auf eine Rentenpolice für Ihre (Enkel-/Paten-)Kinder verzichten Sie bitte in jedem Fall. Eine Laufzeit von meist 65 Jahren ist für den Versicherer topp, für Sie und das Kind aber ein Flop. Welcher Mensch, der bei klarem Verstand ist, schließt gerade in der heutigen schnelllebigen und zinslosen Zeit einen Vertrag über eine Laufzeit von 65 Jahren ab, wenn man noch nicht einmal weiß, was morgen ist, geschweige denn, wie die Welt in zehn Jahren aussieht?

Ebenfalls sollten Sie dreimal überlegen, was Ihnen (und dem Kind) eine Kinderunfallversicherung bringt. Zunächst springt im Notfall nämlich die Krankenversicherung ein, um medizinische Leistungen zu erbringen. Überhaupt ist die Gefahr in jungen Jahren verschwindend gering, durch einen Unfall zum Schwerbehinderten zu werden. Weitaus häufiger sind angeborene Leiden (gegen die einen Versicherer meist nicht versichern wollen oder, wenn doch, nur zu horrenden Summen) und Krankheiten (gegen die man auch selbst viel tun kann).

Was fehlt noch? Die Kinderinvaliditätsversicherung. Die ist vor allem teuer, wenn man den umfassenden Schutz wählt, den man in diesem schweren Fall bräuchte. 500 Euro pro Jahr sind hier keine Seltenheit. Viel realistischer ist es, dass unsere Kinder etwas kaputt machen, wenn sie bei anderen zu Besuch sind. Wenn Ihnen hier eine Absicherung wichtig ist und Sie eine Privathaftpflichtversicherung (mehr siehe S. 181) haben, sind Ihre Kinder hierüber schon automatisch mitversichert.

Geldalternativen zu Kinderversicherungen

Zur Verringerung der beschriebenen Risiken gibt es natürlich eine Reihe von Möglichkeiten, die wir mit Geld in Reinform realisieren können. Den äußeren Schutz vor Unfällen können gute Kindersitze ebenso erhöhen wie verkehrssichere Fahrräder samt Schutzhelm oder -kleidung. Auch der innere Schutz macht sich bezahlt: die Mitgliedschaft im Sportverein, ein Besuch im Hochseilgarten, Sicherheitstrainings oder Kurse zum richtigen Umgang mit Tieren – vieles erhöht die äußere und innere Stabilität des Kindes und die Chance, unfallfrei durchs Leben zu gehen. Sichtbare Sicherheit beugt wenigstens vor.

☙ Persönliche Alternativen oder Ergänzungen zum Geldeinsatz und zu Kinderversicherungen

Wir können unser Kind nicht jederzeit und vor allem und jedem beschützen. Was wir können, ist, es so gut wie möglich für das zu rüsten, worum wir vielleicht Sorge haben. Angst vor Unfällen? Wie sieht es mit dem Körpergefühl unseres Kindes aus? Weiß es, wie es mit seinem Körper umzugehen hat? Wenn ja, verringert sich die Gefahr, dass es zum Beispiel beim Klettern stürzt. Wie sicher ist es im Straßenverkehr? Weiß es, wie es sich hier zu verhalten hat, und können Sie es mit gutem Gefühl allein auf die Verkehrswelt loslassen? Wenn ja, steigt die Chance, dass es unverletzt seines Weges geht. Wenn nein, hilft vielleicht gezielter Verkehrsunterricht oder das begleitende und erklärende Heranführen des Kindes an den Straßenverkehr.

Angst vor Unvorhergesehenem? Wie sieht es mit dem Selbstwertgefühl Ihres Kindes aus? Weiß es, wie es in welchen Situationen reagieren sollte und wann ein Nein unabdingbar ist? Mit welchen Freunden umgibt es sich? Wie sieht das soziale Umfeld Ihres Kindes aus? Von wem kann es etwas lernen und wem selbst etwas beibringen? Zu 100 Prozent können wir unser Kind nicht auf jede Situation vorbereiten. Wir können es jedoch zu einem selbstbewussten kleinen Menschen werden lassen, der sein Verhalten einzuschätzen (und zu schätzen) lernt und sich traut, eigene Entscheidungen zu treffen.

Angst vor Krankheit? Bewegt Ihr Kind sich genügend an der frischen Luft? Ernährt es sich zumindest einigermaßen vitaminreich? Zieht es sich dem Wetter entsprechend an? Es gibt viele Gelegenheiten, Krankheiten mit eigenen Mitteln zu entgehen. Angst vor zu quirligen Kindern und zu schnell kaputtgehenden Gegenständen? Auch Verhalten ist trainierbar. Als dreifacher Familienvater weiß ich: Das kann manchmal sehr lange dauern und führt nicht immer zum gewünschten Erfolg. Aber versuchen können wir's doch, oder!?

Übrigens können wir unserem Kind mehr zutrauen, als wir manchmal meinen. Wir dürfen und sollten es zum Ausprobieren animieren, zum Fehlermachen ermutigen und es mit dem so wichtigen Urvertrauen ausstatten, dass es bedingungslos geliebt wird und sich stets im Nest seiner Familie geborgen und sicher fühlen kann. Geliebte Kinder lieben ihre Familie, ihr Leben und, das Wichtigste: sich selbst. Sind dies nicht beste Bedingungen, zu denen wir selbst und andere Familienmitglieder eine Menge beitragen können, damit das Kind seinen eigenen Weg im Leben finden kann? Und zwar sicher, gesund und lebensfroh.

Diese Finanzprodukte möchte ich zusätzlich nutzen

1. Finanzprodukt	2. Dieses Ziel möchte ich damit erreichen	3. Das bin ich bereit, monatlich dafür auszugeben
☐ *Ausbildungsversicherung*		€
☐ *Kinderunfallversicherung*		€
☐ *Kinderinvaliditätsversicherung*		€
☐ *Kinderkrankenversicherung*		€

4. Die Freizeit genießen

Bei kaum einem anderen Lebensthema kommen wir unseren inneren Zielen und Wünschen so nah wie hier. Das sagt ja schon der Name: FREIzeit. Hier haben wir nichts vor, müssen weder Pflichten erfüllen noch äußere Vorgaben umsetzen. Niemand gibt uns Anweisungen, was wir zu tun oder zu lassen haben.

Freizeit ist freie Zeit – für uns. Kein Wunder, dass niemand auf die Idee kommt, seine Freizeit mit Begriffen wie »sinn-« oder »glücklos« gleichzusetzen. Die Chance aufs Glück ist bei vielen in der Freizeit so hoch wie zu keiner anderen Zeit. Nicht zufällig unterscheidet sich Freizeit von Freiheit nur durch einen Buchstaben. Wenn wir also frei über unsere Freizeit entscheiden dürfen, steht unserem Glück nur noch eine Frage im Weg: Wie füllen wir die Stunden, die uns zur Verfügung stehen? Nach welchen Kriterien entscheiden wir hierüber? Bei den unendlichen Möglichkeiten keine leichte Aufgabe. Wollen wir uns entspannen (das geht übrigens nur richtig, wenn wir uns vorher auch entsprechend angespannt haben, und nicht, wenn wir abgespannt sind!)? Haben wir mehr Lust, uns weiterzuentwickeln? Schreit das Kind in uns nach ungebremstem Spaß? Oder klopft unser Gehirn an seine Wand und erinnert uns daran, dass wir mal wieder etwas für seine Windungen tun sollten? Nutzen wir unsere Freizeit im Sinne des Wortes und gestalten wir sie aktiv – in Richtung Glückszeit.

Was wünsche ich mir für meine Freizeit?

1. Für welches (frühere) Hobby würde ich mir gern mehr Zeit nehmen? Und welches neue am liebsten erlernen?

   _____

   _____

2. Wie viel Prozent meiner Freizeit bestimme nur ich? Was kann ich tun, um den anderen Teil trotzdem zu genießen?

   _____

   _____

   _____

3. In der Reihenfolge ihrer Wichtigkeit: Was sind meine drei liebsten Freizeitbeschäftigungen? Räume ich ihnen auch entsprechend Zeit ein?

   _____

   _____

   _____

4. Welchen Sport möchte ich selbst einmal beherrschen?

   _____

   _____

5. Welche Orte unserer wunderschönen Welt möchte ich selbst live vor Ort erleben?

_____

_____

_____

6. Gibt es Verrücktheiten, die ich mich bisher noch nicht getraut habe, die mich aber immer noch kitzeln?

_____

_____

7. Welchen Freunden möchte ich mehr Zeit schenken? Was würde ich mit wem gern gemeinsam unternehmen?

_____

_____

_____

_____

8. Was müsste tagsüber passieren, damit ich abends ins Bett falle und sage: »Das war ein rundum gelungener Tag?«

_____

_____

9. An welche Freizeitmomente erinnere ich mich gern zurück? Was müsste passieren, damit sie sich wiederholen?

_____

_____

_____

10. Gesetzt den Fall, ich hätte vier Jahre Freizeit: Was würde ich dann unternehmen, wozu ich heute nicht komme oder wofür ich mir die Zeit nicht nehme?

_____

_____

_____

_____

_____

Wie wollen Sie Ihre Freizeit genießen? Notieren Sie alles, was Ihnen besonders wichtig ist, zum Beispiel:

Ich möchte freitags nach der Arbeit wieder mit dem Motorrad eine Runde um die Dörfer drehen.

Ich möchte mit meiner Freundin einmal im Monat die Stadt unsicher machen.

Ich möchte das Tanzbein schwingen und einen Tanzkurs mit meiner Partnerin/meinem Partner machen.

Nutzen Sie Ihren Ideenfluss und schreiben Sie alles auf, was Ihnen wichtig erscheint, damit es nicht (wieder?) in Vergessenheit gerät. Und wenn Sie gleich konkret überlegen möchten, wie Sie sich Ihren Wunsch erfüllen oder Ihr Ziel erreichen, umso besser!

Meine zehn wichtigsten Freizeitziele und -wünsche und was ich aus eigener Kraft und mit Geld dafür tun möchte

	Mein Ziel/ Wunsch	Meine eigenen Aktivitäten	Meine Geldunterstützung € ___ Wofür ___
1			
2			
3			
4			
5			
6			
7			
8			
9			
10			

Welche Finanzprodukte könnten mich zusätzlich unterstützen, und welche Alternativen habe ich hierzu?

📄 Die Privathaftpflichtversicherung

Die Privathaftpflichtversicherung zahlt einer anderen Person Geld, die Sie ungewollt und nicht mutwillig geschädigt haben – persönlich oder ihren Besitz. Diese Versicherung ist entgegen ihres Namens keine Pflicht, aber sie kann sinnvoll sein, wenn Sie die Wahrscheinlichkeit als (zu) hoch erachten, dass Sie jemand anders versehentlich schädigen und eventuell (zu) hohe Entschädigungszahlungen an diese Person zu leisten haben. Es muss übrigens nur ein Familienmitglied diese Versicherung abschließen, damit alle anderen Haushaltsangehörigen mitversichert sind. Wenn jemand im Winter vor Ihrem Haus stürzt und sich ernsthaft verletzt oder wenn Sie woanders zu Besuch sind und versehentlich etwas kaputt machen, können Sie auf finanzielle Unterstützung hoffen.

🏃 💰 Persönliche Alternativen und Geldalternativen zur Privathaftpflichtversicherung

Im Winter immer schön Auffahrt und Gehwege von Schnee und Eis befreien, und wenn Sie woanders zu Besuch sind, nichts anfassen! Spaß beiseite: Eine Privathaftpflichtversicherung ist häufig bereits für sehr wenig Geld zu haben und insbesondere dann hilfreich, wenn man sich darum sorgt, was passiert, wenn man jemandem ungewollt einen (größeren) Personenschaden zufügt und dafür vielleicht ein Leben lang finanziell aufkommen muss. Oder wenn man ein Tollpatsch ist, der andere Wohnungen mit dieser Versicherung im Rücken sorgenfreier betreten kann.

Viel wichtiger als das sinnlose Infragestellen dieser durchaus sinnvollen Versicherung ist mir vielmehr die Art und Weise, wie wir grundsätzlich mit verursachten/entstandenen Schäden umgehen. Was kaputt ist, ist kaputt und kann ersetzt, weggeworfen oder behalten und je nach Beschädigung trotzdem weitergenutzt werden. Nur weil ein Möbelstück eine dicke Schramme oder Delle hat oder eine Lampe einen Riss, muss das nicht zwangsläufig bedeuten, dass wir instinktiv neuen gleichwertigen Ersatz fordern. Bewusst schreibe ich das so, weil es zweierlei Arten gibt, warum eine Privathaftpflichtversicherung in Anspruch genommen wird:
1. Der Geschädigte fordert vom Schadensverursacher eine Entschädigung.
2. Der Schadensverursacher möchte sein Malheur in Ordnung bringen beziehungsweise für Ersatz sorgen.

Im ersten Fall sind vielleicht auch wir mal die Geschädigten, und die Frage ist berechtigt, ob wir in jedem Fall Ersatz verlangen müssen, wenn etwas von unserem Eigentum beschädigt wurde.

Wenn Sie an Ihre Besitztümer denken: Welche müssten nach einem Schadensfall unbedingt neuwertig ersetzt werden? Wie stark demoliert müsste was genau sein? Macht es wirklich Sinn, wenn jemand anders etwas beschädigt hat, sofort zu fragen: »Bist du versichert?« Gerade in solchen Fällen merkt man doch, wie stark wir von der Notwendigkeit von Versicherungen geprägt sind. Können wir nicht auch damit leben, dass sich andere Menschen, ebenso wie wir, gelegentlich falsch verhalten und, ohne es zu wollen, Dinge beschädigen? Könnte uns selbst das woanders nicht auch passieren? Muss zwangsläufig alles ersetzt werden, was von jemand anderem beschädigt wird? Wenn ja: Muss es immer dringend ein gleichwertiger Ersatz sein? Könnte man uns nicht auch mit etwas anderem entschädigen?

Vielleicht konnten Sie die heruntergefallene Vase sowieso schon lange nicht mehr sehen und freuen sich vielmehr darüber, wenn Sie vom Schadensverursacher etwas anderes als Ersatz bekämen, vielleicht eine neue Deko-Figur oder etwas Eigenes aus seinem Besitz, das er nicht zwingend braucht, aber Sie. Wir als Geschädigte haben es selbst in der Hand, was (vielleicht unnötigerweise) zum Versicherungsfall wird und was ein Fall bleibt, in dem sich zwei Menschen vollkommen selbstbestimmt untereinander einigen – in beiderseitigem Interesse.

Im zweiten Fall sind wir der Schadensverursacher und fühlen uns in der Pflicht, unseren Fauxpas zumindest auszugleichen, wenn wir ihn schon nicht ungeschehen machen können. Bevor wir daran denken, für solche Schäden eine (hohe?) Versicherung(ssumme) abzuschließen, könnten wir nach Alternativen Ausschau halten. Vom Bezahlen aus eigener Tasche über das Angebot der Reparatur (natürlich nur je nach Objekt und Zustand) bis zur Idee, dem Geschädigten etwas anderes zu bieten – vielleicht sogar aus unserem Besitz –, was ihm eher weiterhilft als ein neues Objekt. Es ist alles eine Frage des Blickwinkels und der Lust samt erlernbarer Fähigkeit, in Alternativen zu denken.

📄 Die Kfz-Kaskoversicherung

Während die Kfz-Haftpflichtversicherung für Schäden aufkommt, die Sie einem fremden Fahrzeug zufügen, kommt eine Teil- oder Vollkaskoversicherung für Schäden am eigenen Fahrzeug auf, die Ihnen zugefügt wurden. Während die Teilkaskoversicherung zum Beispiel in Fällen zahlt wie Brand, Diebstahl, Einbruch, Glasbruchschäden, Marderbiss, Zusammenstoß mit Haarwild oder direkte Sturm-, Blitzschlag-, Überschwemmungs- oder Hagelschäden, kommt die Vollkaskoversicherung zusätzlich bei mutwilliger Beschädigung des Fahrzeugs durch Fremde sowie bei selbst verursachten Unfallschäden auf. Ob und, wenn ja, welche Kaskoversicherung Ihnen wirklich weiterhilft, zeigt nur ein konkreter Blick in Ihr Leben. Haben Sie überhaupt ein Fahrzeug? Wenn ja, wie alt ist es und lohnt sich der Abschluss einer Kaskoversicherung hierfür überhaupt? (Oder könnten Sie sich für die monatlichen Versicherungsbeiträge nicht gleich ein neueres Auto leisten?) Wo steht Ihr Fahrzeug tagsüber/nachts, und wovor ist es automatisch geschützt – zum Beispiel durch eine Garage, einen Carport? Sind Sie viel damit unterwegs? Fahren Sie häufig lange Strecken und stellen Ihr Auto in menschen- und fahrzeugreichen Gegenden ab, wo die Wahrscheinlichkeit von Beschädigungen steigt? Was ist mit engen Parkhäusern oder Parkplätzen, Hotelgaragen? Sind Sie dort häufiger zugegen und haben die Sorge, dass Ihr Fahrzeug beschädigt oder gestohlen wird? Oder fahren Sie häufig durch Landschaften, in denen Wildunfälle gang und gäbe sind?

Prüfen Sie Ihre Lebensgewohnheiten möglichst genau und gleichen Sie diese mit den angebotenen »Schutz«-Leistungen ab. Je mehr Treffer es gibt, desto eher kann sich der jeweilige Schutz für Sie eignen. Die Grundregel lautet: Teilen Sie nur manche Fahrzeugsorgen: <u>Teil</u>kasko. Sind Sie eher sorgen<u>voll</u>: <u>Voll</u>kasko. Und wenn Sie überhaupt keine Sorgen haben oder nicht davon ausgehen, dass Ihnen Ihr Fahrzeug gestohlen oder beschädigt wird? Oder meinen, dass sich eine Versicherung für Ihr Fahrzeug nicht lohnt? Dann ist für Sie vielleicht der Verzicht auf eine zusätzliche Versicherung richtig. Manchmal sorgen Sorgen für eine magnetische Wirkung, die das anzieht, was Sie eigentlich nicht wollen. Manche Sorgen kann man sich getrost sparen – ebenso wie manche Versicherung.

Persönliche Alternativen und Geldalternativen zur Kfz-Kaskoversicherung

Angenommen, Ihrem Fahrzeug ist etwas zugestoßen. Was wäre Ihre erste Frage? »Was genau ist denn passiert, was ist kaputt?« Mein Auto hat Beulen und Kratzer. Kratzt mich nicht (mehr). Früher habe ich mich aufgeregt, bis ich festgestellt habe: Davon geht die Delle auch nicht raus. Wie reagieren Sie in solchen Fällen? Welche Beschädigungen nehmen Sie nach kurzem Ärger in Kauf, welche müssen unbedingt repariert werden?

Warum betrachten wir unser Fahrzeug nicht wie uns selbst? Auch wir haben manche Kratzer oder Beulen an unserem Körper. Und? Müssen wir deshalb gleich zum Schönheitschirurgen? Brauchen wir wegen ein paar Dellen am Bein oder Narben am Arm gleich kosmetische Verschönerungen? Vielleicht ist es ratsamer, beim kleinsten Lackschaden nicht gleich an die Decke zu gehen oder nicht mehr Interesse an einer neuen Beule am Auto zu zeigen als an unserem Partner. Und wenn wir mit den Beschädigungen so gar nicht leben können: Reparieren wir sie doch einfach. Manches bekommen wir selbst hin, bei anderem brauchen wir den Fachmann oder einen Freund, der es kann oder einen kennt, der wiederum einen kennt, der es kann.

Eigenverantwortung zu übernehmen bedeutet auch, nicht für alles, was einem im Leben passiert, gleich die Telefonhotline der Versicherung zu wählen und in den Vertragsbedingungen zu schauen, ob genau der gerade eingetretene Fall auch abgedeckt ist. Vielleicht lebt es sich leichter, wenn wir mit der Gewissheit leben, dass Dinge eben kaputtgehen und auch Fahrzeuge nach 200.000 Kilometern nicht mehr aussehen können wie gerade aus dem Autohaus geschlüpft ...

📄 Privatkredit und Dispositionskredit

Sie wollen sich Ihren Wunsch sofort erfüllen und dafür kein eigenes Geld nutzen? Unzählige Anbieter freuen sich, Ihnen das fehlende Geld gegen Zahlung von Leihgebühren zu borgen. Vier Fragen gebe ich Ihnen hier mit auf den Gedankenweg:

1. Rechtfertigt das, was Sie sich mit geliehenem Geld kaufen wollen, die »Sofort-Erhalt-Zusatzgebühr« in Form von Kreditzinsen und vertraglichen Verpflichtungen?
2. Kann die Wunscherfüllung nicht ein wenig warten, damit Sie sich das Geld ansparen und/oder das Gewünschte eventuell günstiger erwerben können?
3. Gibt es bei gleichem Glücksgefühl Alternativen, die nur so viel Geld kosten, wie Sie aktuell haben (und dafür investieren wollen)?
4. Können Sie sich das notwendige Geld nicht lieber bei Ihrer Familie oder sehr guten Freunden leihen – zinsfrei?

Wenn Sie keine Frage davon abhält, einen Kredit aufzunehmen, wage ich einen letzten Versuch: Würde ich eine eigene (Lebens-)Bank gründen, dann würde ich meinen Kundinnen und Kunden nur für zweierlei Zwecke Geld leihen:
- für die eigenen vier Wände – wenn die finanzielle Situation das zulässt und es den Kunden nicht über viele Jahre überfordert und so die vorherigen Wohnsorgen jetzt durch viel schlimmere Existenzsorgen ersetzt werden
- für die berufliche Weiterbildung

Bei beidem gibt es neben dem Lebens- auch einen finanziellen Sinn, sich fremdes Geld gegen eine Gebühr zu leihen. Beim

Haus oder bei einer Eigentumswohnung kann es zum Beispiel die angestrebte Unabhängigkeit von Miete sein, bei der beruflichen Weiterbildung die Sicherung der Arbeitskraft oder der Aufstieg in einen besser bezahlten Job oder einen, der für Sie mehr Sinn ergibt oder Sie einfach glücklicher macht.

Für alles andere gilt: die Finger von Kreditschulden lassen. Weder fürs Auto noch für den Fernseher, die Waschmaschine, die Wohnungseinrichtung, das Notebook oder das Handy – auch wenn manche scheinbaren Null-Prozent-Finanzierungen mit versteckten Kosten suggerieren, dass das total »in« ist und noch nicht mal etwas extra kostet (Warum glauben wir Menschen so einen Unsinn nur? Weil Werbeanzeigen niemals lügen würden?). Wenn sich manche Menschen ihren Lebensunterhalt, also ihre monatlichen Ausgaben, über einen Dispositionskredit dauerhaft oder regelmäßig finanzieren, möchte ich sie fragen, warum sie sich vom Geld knechten lassen, zum Gefangenen ihrer Schulden werden und ihnen häufig ein Leben lang hinterherlaufen. Entgegen der Wünsche vieler Banken sollte ein Dispositionskredit von Ihnen möglichst nie aktiv in Anspruch genommen werden. Warum auch? Er sollte laut eigener Logik schließlich nur dazu dienen, die Überschneidungen von Zahlungseingängen und -ausgängen für einen sehr kurzen Zeitraum aufzufangen, damit Sie Ihr Konto nicht unerlaubt überziehen (zu noch höheren Strafzinsen) oder wichtige Abbuchungen nicht ausgeführt werden können (was vielleicht unangenehme Folgen nach sich zieht). Ein guter Dispositionskredit ist daher immer so gering wie möglich und nur das allerletzte Auffangnetz für den Fall, dass Sie Ihre Kontobewegungen nicht auf den Cent genau kalkuliert haben oder von ungeplanten Buchungen überrascht werden. Der bewusste Kreditkauf von Konsumgütern oder die Finanzierung des Lebensunterhalts über den Dispo ist ein absolutes No-Go.

🖐 🏛 Persönliche Alternativen und Geldalternativen zum Privat- und Dispositionskredit

Wofür wollen Sie sich Geld leihen: für den Urlaub, ein neues Auto, die Wohnungseinrichtung, den Fernseher, das Handy, das Notebook ...? Warum machen Sie das? Weil Sie sich einen Wunsch unbedingt heute erfüllen wollen und Geld heute günstig zu haben ist? Schuldenmachen ist für viele so normal, wie im Liegen zu schlafen. Schlimm, wie Kinder mit der Selbstverständlichkeit aufwachsen: Ich kann heute Dinge bekommen, die ich erst (viel) später bezahlen muss. Und das sind meist Dinge, die dann, wenn der letzte geschuldete Euro zurückbezahlt wird, entweder schon verlebt (wie der Urlaub) oder im Wert teilweise erheblich gefallen sind (wie bei Fernsehern, Autos etc.) oder irgendwo in der Ecke oder schon auf der Müllhalde herumliegen. Diese auf Pump gekauften Dinge machen meist nicht längerfristig glücklich, sondern sorgen jeden Monat auf dem Kontoauszug in Form von Kreditraten für die Gewissheit: Das muss ich noch abstottern.

Was denken Sie: Bei wie vielen kreditfinanzierten Konsumgütern ist das Glücksgefühl bereits bei Zahlung der zweiten oder vierten Rate verflogen? Warum sind wir so konsum- und kreditverrückt? Wenn Glück nur durch das Kaufen an sich, den »Neugeruch« und die ersten Male der Benutzung entsteht, warum kaufen wir uns diese Dinge überhaupt? Und gehen sogar noch finanzielle Verpflichtungen dafür ein, die uns mehr kosten, als unser Kaufobjekt der Begierde an Wert besitzt? Wenn schon, dann rechnen Sie bitte richtig und addieren die vollständige Leihgebühr, die Sie in der Gesamtlaufzeit bezahlen (Abschlussgebühren, Zinsen, versteckte Versicherungskosten etc.), zum Kaufpreis hinzu. Stellen Sie dann beide Lösungen nebeneinander und entscheiden Sie wohlüberlegt, ob Sie den Fernseher heute kreditfinanziert auf drei Jahre für beispielsweise 1.200 Euro haben wollen oder sich den Fernseher zum heutigen Preis von 1.000 Euro erst später gönnen (der obendrein nach sechs Monaten Wartezeit vielleicht nur noch 750 Euro kostet und von Ihnen dann gegebenenfalls bar bezahlt werden kann). Vielleicht entscheiden Sie sich auch bewusst gegen einen (neuen) Fernseher und gestalten Ihre Abende ganz anders, indem Sie Spieleabende veranstalten, lesen, einem neuen Hobby nachgehen oder ausgehen oder sich mit einer Flasche Rotwein »bewaffnet« auf den Weg zu lieben Nachbarn oder Freunden machen, um für eigene Unterhaltung zu sorgen, bei der Sie selbst aktiv sind.

Wenn Sie daran denken, sich den Urlaub finanzieren zu lassen, überlegen Sie vorher, ob Sie für drei Wochen Spaß und Heiterkeit wirklich zum Beispiel drei Jahre Zins und Verschuldung in Kauf nehmen wollen. Kreditfinanzierte Urlaube können kurzfristig glücklich machen und einen noch sehr langfristig negativ beschäftigen. Nicht nur, weil Sie in zwei Jahren immer noch für einen Urlaub bezahlen, der dann schon zwei Jahre her ist. Und was ist, wenn sich Ihr Urlaub auf Pump als totaler Reinfall entpuppt? Dann haben Sie sich für eine schlechte Zeit verschuldet und werden mit jeder monatlichen Abbuchung daran erinnert ... Vielleicht reizt es Sie ja, Ihren geplanten (teuren?) Urlaub komplett zu überdenken und sich nach neuen Alternativen umzusehen. Bei gezielter Suche oder früher Buchung finden sich so manche Schnäppchen oder Gegenden, die Sie bisher gar nicht auf dem Zettel hatten. Fragen Sie vielleicht mal herum: Wo machen Ihre Freunde gerne Urlaub? Warum und wie genau? Vollkommen ungebunden mit einem eigenen Wohnmobil, als Selbstversorger in einer Ferienwohnung oder in einem edlen Hotel zum Sonderpreis in Zeiträumen, in denen wenig los ist, oder an touristenleeren Orten? Das, was Sie für Ihren Urlaub suchen, damit er sich für Sie lohnt (Entspannung, Kultur, Strand, Berge, Sport, Abenteuer etc.), gibt's nicht nur einmal und nicht nur immer für das (viele?) Geld, das Sie vielleicht bisher ausgegeben haben.

Wenn Sie wissen, was Sie für Ihr gewünschtes Glücksgefühl genau brauchen, werden Sie bei kreativer Suche mit offenem Blick viele neue Urlaubsziele entdecken, die ihren günstigeren Preis wert sind.

Planen Sie, ein neues Auto kreditfinanziert zu kaufen, weil es bei einem Autohaus so eine tolle Null-Prozent-Finanzierung gibt? Dann lesen Sie bitte das Kleingedruckte. Irgendwelche versteckten Gebühren, Versicherungsbeiträge oder anderes werden immer fällig. Umsonst ist nichts – selbst Geld (noch) nicht. Und vielleicht muss es ja auch nicht der Neuwagen sein, der beim Verlassen des Autohausgeländes bereits an Wert verloren hat. Oder alle gewünschten Extras, die immer ordentlich ins Geld gehen und scheinbar günstige Basispreise schnell in die Höhe treiben. Vielleicht ist auch ein Gebrauchtwagen besser, wenn dadurch immer das gute Gefühl mitfährt, dass Sie schuldenfrei sind. Überlegen Sie sich einfach, wann Sie das Auto wofür brauchen, statt sich von Lieblingsmarken oder Traumautos verführen zu lassen. Die wenigsten Autos werden danach gekauft, wozu sie tatsächlich benötigt werden. Viel zu oft entscheiden unser Bauch, der Vergleichswettkampf mit anderen und/oder das »Haben wollen«-Gefühl, das vollkommen okay ist, wenn das dafür benötigte Geld vorhanden ist – über unser Konto. Und wer weiß: Vielleicht bleiben Sie Ihrem aktuellen fahrbaren Untersatz noch einige Zeit treu. Wenn Sie sich für das dadurch gesparte Geld einen anderen (kleineren?) Wunsch erfüllen könnten oder sogar mehrere, wäre das nicht zumindest eine Überlegung wert?

Wenn Sie sich eine neue Wohnungseinrichtung gönnen möchten: Begeistert Sie diese auch noch am Tag der letzten Kreditrate, wenn sie zum »alten Eisen« gehört? Oder ist es nicht viel Glück bringender, wenn Sie sich erst nach und nach einrichten und zum Beispiel jedes Jahr ein altes gegen ein neues Möbelstück tauschen? Oder was ist mit Einrichtungsgegenständen, die unsere Freunde, Familie oder Bekannte nicht mehr benötigen, die wir aber gut gebrauchen können und die uns sogar gefallen? Was befindet sich auf Omas Speicher? Was hat Großvater in seinem Schuppen an Schätzen? Warum nutzen wir nicht auch unsere sozialen Kontakte, wenn es ums Einrichten geht? Oder wir schauen uns ganz woanders um, etwa auf dem Sperrmüll. Nicht selten finden sich hier kleine Kostbarkeiten, die nach kurzer Aufbereitung ansehnlich sind und darüber hinaus sogar noch eine eigene Geschichte mitbringen. Wir haben eine hundertprozentig funktionsfähige Carrera-Rennbahn gefunden – wie neu. Als wir klingelten und fragten, ob die Besitzer sie wirklich wegwerfen wollten, sagten sie, dass die Kinder aus dem Haus seien und sie einfach keine Zeit und Lust hätten, die Bahn auf dem Flohmarkt zu verkaufen. Nicht alles, was nach Müll klingt, muss es auch sein.

Ein kleines Abenteuer ist auch das eigene Herstellen von Möbeln. Ecki, einer meiner zwei besten Freunde, hat neben handwerklichem Geschick auch ein Faible für Holz. Also nahm er an einem Tischlerkurs teil und lernte, wie man einen Stehtisch oder Essbrettchen selbst herstellt. Der Wert dieser Gegenstände übersteigt den Materialwert bei Weitem, denn sie haben eine eigene Geschichte, an die man sich beim Betrachten immer wieder mit einem Schmunzeln im Gesicht erinnern kann.

In unserem Zuhause entstehen viel mehr Glücksmomente, wenn wir nicht nur konsumieren und Altes häufig gegen Neues austauschen (bei unserem Partner würden wir das doch auch nicht tun, oder?). Und selbst wenn wir ab und an mal Lust auf etwas Neues haben, leisten wir es uns doch mit unserem eigenen Geld. Dann sind wir freier und erhalten mit dem Gewünschten das Gefühl, dass wir es uns durch unsere Arbeit oder unseren Sparsinn wirklich verdient haben, statt Kreditraten zu bedienen.

Halten Sie es für gänzlich unmöglich, dass wir uns mit weniger zufriedengeben als dem permanenten Kauf von Neuem?

Was brauchen wir denn schon zum Leben? Essen, Trinken, Schlafen, ein Dach über dem Kopf, Familie, Arbeit/Beschäftigung, gute soziale Kontakte ... Alles, was darüber hinausgeht, ist schön, wenn man's hat, aber kein Muss – auch wenn man uns anderes einzureden versucht. Letztendlich entscheiden nur wir darüber, was wir wollen: Ob wir bereit sind, gewissen Konsumverlockungen zu widerstehen, oder eine Fähigkeit wiederentdecken, die in der heutigen Zeit anscheinend verloren gegangen ist: zu warten, bis wir uns unseren Wunsch, wenn er dann überhaupt noch existent ist, mit eigenen Mitteln gönnen können. Übrigens: Wussten Sie, dass Sparen glücklich macht? Wegen des guten Gefühls, immer was »auf der hohen Kante« zu haben. Verständlich. Macht Geld also doch glücklich? Wenn wir es zurücklegen und es dann in etwas investieren, das wir uns wirklich wünschen, ja.

Die Rechtsschutzversicherung

Eine Rechtsschutzversicherung zahlt bei einem Rechtsstreit für Sie die gesetzlichen Anwaltsgebühren, Zeugengelder, Gerichtskosten, Sachverständigenhonorare oder Kosten des Gegners, soweit Sie diese übernehmen müssen. Sie zahlt jedoch nicht selten nur für Prozesse, bei denen sie davon ausgeht, dass sie gewonnen werden können. Auch hier steckt der Teufel in den Vertragsdetails, die man als Nichtjurist weder verstehen noch einschätzen kann, was davon für einen selbst sinnvoll sein könnte. Sieht man sich die oft üppigen Beitragssätze an, stellt sich schon die berechtigte Frage, ob Sie aufgrund Ihrer Persönlichkeit oder Ihres Lebensstils davon ausgehen, überhaupt jemals in Rechtsstreitigkeiten verwickelt zu werden. Oder verhalten wir uns mit einer Rechtsschutzversicherung im Hintergrund vielleicht anders in zwischenmenschlichen Beziehungen oder Konfliktsituationen, weil unsere jahrelang bezahlten Beiträge endlich mal eine Wirkung haben müssen oder weil wir uns für rechtlich unbesiegbar und quasi immer im Recht halten? Warum müssen wir uns überhaupt gegen so viel (in Relation zu den großen Lebensthemen) »Unwichtiges« versichern? Ist der Ursprung von Versicherungen aus dem Ruder gelaufen? Im zweiten Jahrtausend vor Christi Geburt verpflichteten sich die Teilnehmer einer Karawane noch gegenseitig, Schäden gemeinsam zu ersetzen, die einem Teilnehmer der Reisegesellschaft entstand. »Einer für alle, alle für einen.« Dies war der Grundgedanke der Solidargemeinschaft, der gegenseitigen Hilfe und des sozialen Ausgleichs. Bei der heutigen sich oftmals gegen vereinbarte Leistungszahlungen wehrenden Versicherungsindustrie beschleicht mich meist eher das Gefühl von »Alle für einen (die Versicherung), einer gegen alle (uns Versicherte)«. Selbst bei manchen Rechtsschutzversicherten hat man im Streitfall das Gefühl, sie befänden sich im Krieg (»Auge um Auge, Recht um Recht«). Übrigens: Die später entstandenen »professionellen« Versicherungen halfen größtenteils beim Eintreten von existenzbedrohlichen Dingen, wie zum Beispiel Feuer, das das Eigenheim vernichtete. Und heute? Müssen wir uns wirklich gegen jeden »Pups« und jede noch so kleine Wahrscheinlichkeit absichern – gegen monatliche Geldzahlungen? Bei allem, was recht ist ...

🦩 Persönliche Alternativen zur Rechtsschutzversicherung

Nett zu den Menschen sein, Streit aus dem Weg gehen und (aufkeimende) Konflikte bestimmt, ruhig und freundlich klären – immer das beiderseitige Interesse im Blick habend. So ist's recht!

Diese Finanzprodukte möchte ich zusätzlich nutzen

1. Finanzprodukt	2. Dieses Ziel möchte ich damit erreichen	3. Das bin ich bereit, monatlich dafür auszugeben
☐ *Privathaft-pflicht-versicherung*		€
☐ *Kfz-Teilkasko-versicherung*		€
☐ *Kfz-Vollkasko-versicherung*		€
☐ *Privat-kredit*		€
☐ *Dispositions-kredit*		€
☐ *Rechtsschutz-versicherung*		€

5. In einem schönen Zuhause leben

Jeder von uns muss wohnen. Wie gut, dass wir uns das Wie aussuchen können. Wir entscheiden selbst darüber, wo wir leben. Entweder bleiben wir in unserem Geburtsort, oder wir entdecken eine neue Stadt oder Region. Wir können in einem Ein- oder Mehrfamilienhaus wohnen, in einem Loft oder Reihenhaus. Ebenerdig oder mehrgeschossig. Zur Miete, im Eigentum oder im

Eigentum mit Leibrente. Die Vielfalt unserer Wohnmöglichkeiten ist beeindruckend – manchmal auch erdrückend. Denn: Was ist das Richtige für uns? Und ist es auch das Passende für unseren Partner? Oder für unsere Kinder, Eltern, Großeltern, Tiere, Studienkollegen, Freunde – je nachdem, mit wem wir zusammenwohnen möchten? Und überhaupt: Für wie lange wollen wir dort wohnen bleiben, wo wir gerade sind? Ist es das Haus oder die Mietwohnung auf Lebenszeit? Möchten wir raus aus der Mietwohnung und rein ins Eigenheim? Oder umgekehrt? Fragen über Fragen, die nach Antworten verlangen. Wenn nicht jetzt, dann später, wenn wir vielleicht auf neue Ideen kommen und unseren Lebensabend im Ausland verbringen möchten. Oder wenn die Kinder aus dem Haus sind und wir uns fragen: Was machen wir jetzt mit dem ganzen Raum? Vielleicht brauchen wir heute mehr Platz und später wenig, oder andersherum.

Wie wir uns auch entscheiden mögen: Neben der Wohnungsart und der äußeren Form ist die Frage mindestens ebenso wichtig, wie wir das Drinnen gestalten. Mögen wir es gemütlich, aufgeräumt, plüschig, gestylt? Lieben wir helle große Räume mit hohen Decken oder eher die kleinen beschaulichen Räume, in denen nur das Wichtigste Platz findet? Vielleicht sind wir experimentierfreudig und gestalten jeden Raum häufig einmal anders: mit frischen Farben, anderen Möbeln oder einer komplett neuen Aufteilung. Ganz gleich, für welches Wohnen wir uns entscheiden: Machen wir doch aus einem Haus unser Heim oder aus einer Wohnung unseren Wohlfühlort! Auch das, was uns umgibt, prägt uns. Und wer von uns möchte nicht von einer Umgebung geprägt werden, in der wir uns wirklich pudelwohl fühlen, weil wir uns bewusst dafür entschieden haben?

Was wünsche ich mir für mein Zuhause?

1. Wenn ich noch einmal bauen oder meine Wohnung komplett neu einrichten dürfte: Würde ich alles wieder genau so machen? Was würde ich verändern?

   _____

   _____

2. Wie sieht mein Traumraum aus?

   _____

   _____

   _____

3. Wenn ich alle Besitztümer entfernen müsste, die ich – ganz objektiv betrachtet – wirklich nicht mehr brauche, wie viel Raum würde dadurch bei mir frei werden?

   _____

   _____

4. In welchem Raum halte ich mich am liebsten auf? Wo nicht so gern? Woran liegt das?

   _____

   _____

   _____

5. Habe ich die Orte, wo etwas steht, an meine Bedürfnisse und Alltagswege angepasst, oder passe ich mich ihnen an? Was könnte ich ändern, um noch angenehmer zu wohnen?

_____

_____

_____

6. Wenn ich Wohnungs-Schönheitschirurg wäre: In welchem Raum würde ich Hand anlegen? Um was zu tun?

_____

_____

_____

7. Gibt es etwas, das mir in meiner Wohnsituation fehlt beziehungsweise worüber ich mich freuen würde, wenn es ab morgen da wäre?

_____

_____

8. Wenn ich gedanklich durch meine Wohnung/mein Haus gehe: Worauf bin ich stolz? Und warum gerade darauf?

_____

_____

9. Ausgehend von hundert Prozent Zeit, die ich zu Hause verbringe: Wie viel Prozent verbringe ich ungefähr in welchem Raum? Habe ich diese Räume entsprechend ihrer Zeitanteile/Wichtigkeit gestaltet und ausgestattet?

___

___

___

10. Wenn ich jedem meiner Räume einen Namen geben müsste, der ausdrückt, was ich von ihm halte: Wie sähe sie aus, meine Raumnamensliste?

___

___

___

Was brauchen Sie, um sich zu Hause wohlzufühlen? Was im Kopf ist, darf auch gern den Weg aufs Papier finden, etwa:

Ich verbringe viel Zeit im Schlafzimmer und möchte es auf den Prüfstand stellen, damit ich mich dort nach dem stressigen Alltag wirklich entspannen kann.

Ich möchte jedes Jahr einen Raum verschönern. Zuerst das Bad, das dringend frische Farbe braucht. Danach würde ich gern die Möbel im Wohnzimmer neu anordnen und dann im Schlafzimmer für frischen Wind sorgen.

Meine zehn wichtigsten Wohnziele und -wünsche und was ich aus eigener Kraft und mit Geld dafür tun möchte

	Mein Ziel/ Wunsch	Meine eigenen Aktivitäten	Meine Geldunterstützung € ___ Wofür ___
1			
2			
3			
4			
5			
6			
7			
8			
9			
10			

Welche Finanzprodukte könnten mich zusätzlich unterstützen, und welche Alternativen habe ich hierzu?

Die Hausratversicherung

Die Hausratversicherung ersetzt Ihnen alle Gegenstände Ihres Haushalts zum Neuwert, wenn diese durch Feuer, Wasser, Sturm, Hagel, Einbruchsdiebstahl, Raub oder Vandalismus beschädigt werden. Ein solches Finanzprodukt kann für Sie sinnvoll sein, wenn Sie Werte besitzen, die Sie in einem vorgesehenen Schadensfall nicht mit eigenen Geldmitteln ersetzen möchten.

Wenn Sie einmal gedanklich durch Ihre Wohnung oder Ihr Haus spazieren: Wie viele Gegenstände sehen Sie vor Ihrem inneren Auge, für die das gilt? Wenn Sie sich jetzt jeden einzelnen Schadensfall, für den die Versicherung aufkommt, noch einmal genau anschauen, bei welchen Ihnen wichtigen (und wertvollen!) Gegenständen schätzen Sie die Wahrscheinlichkeit hoch ein, dass diese zum Beispiel verbrennen oder gestohlen werden? Eine Hausratversicherung ist dann eine Unterstützung, wenn Sie wieder von Ihrem Leben aus denken, in diesem Fall von den Gegenständen aus. Lassen Sie sich nicht zu pauschalen Gedanken oder Aussagen hinreißen wie »Na ja, dadurch ist eben alles irgendwie abgesichert«. Suchen Sie sich spaßeshalber den Jahrespreis einer x-beliebigen Hausratversicherung heraus und teilen Sie diesen durch die Anzahl Ihrer echten Wertgegenstände, die Sie »schützen« wollen. Wenn Sie bereit sind, die jeweilige Summe jedes Jahr pro Gegenstand zu investieren, kann eine Hausratversicherung für Sie Sinn machen.

Wenn Sie sich dafür entscheiden, sollten Sie sie jedoch im Blick behalten, weil sich im Laufe Ihres Lebens natürlich so einiges verändert. Zum einen wird die Anzahl Ihrer Besitztümer vielleicht größer, während der Wert alter Besitztümer abnimmt. Zum anderen besitzen Sie im Lebensverlauf zunehmend mehr Geld und könnten für entsprechende Schäden selbst aufkommen. Oder Sie ziehen um, und Ihre neue Wohnung befindet sich in einer Lage, wo Sie sich über viele mit in einer Hausratversicherung abgedeckte Risiken gar keine Gedanken machen müssen (oder jetzt erst recht). Vielleicht geht es Ihnen auch wie vielen anderen, die mit zunehmendem Alter erkennen, dass Besitz manchmal belastet und weniger mehr sein kann – das gilt auch beim Finanzproduktbesitz. Was auch immer in Ihrem Leben passiert: Passen Sie Ihre Versicherung, wenn Sie sich dafür entscheiden, regelmäßig an, damit sie dann wenigstens auch zu Ihrem aktuellen Besitz und Ihrem gewünschten Sicherheitsgefühl passt.

Persönliche Alternativen und Geldalternativen zur Hausratversicherung

Was wäre, wenn Ihre Wertsachen sicher im Schließfach bei der Bank lägen? Bräuchten Sie dann eine Hausratversicherung? Was wäre, wenn Sie nur wenige Luxusgüter besäßen? Wenn Sie Ihre Wertgegenstände mit Eigenmitteln selbst ersetzen könnten oder davon ausgehen, dass Sie dieses oder jenes eh im Laufe der Zeit verschenken oder verkaufen? Oder wenn Sie sich um Ihren Besitz gar keine Sorgen machen? Wenn wir wissen, ob wir unseren Besitz besitzen oder er uns, weil er uns mehr Sorgen als Freude bereitet, sind wir auf der richtigen Finanzspur. Eine Hausratversicherung ist per se kein guter Rat, auch kein schlechter. Es kommt dabei weniger auf Ihren Besitz und seinen Wert an, sondern vielmehr auf Ihre Einstellung dazu. Bei Studenten, die in einem kleinen WG-Zimmer leben und kaum etwas besitzen, sagt der gesunde Menschenverstand: »Die brauchen keine Versicherung!« Bei Menschen, die viel besitzen, muss es im Umkehrschluss nicht automatisch heißen: »Die brauchen die Versicherung unbedingt!« Nur weil wir etwas besitzen, müssen wir es nicht automatisch versichern.

Die Immobilienfinanzierung

Sie bekommen einen Kredit, meist von einer Bank, mit dem Sie sich eine eigene Immobilie kaufen können. Zu diesem Thema könnte ich ein eigenes Buch schreiben, weil kaum ein

Finanzthema so umfangreich ist wie dieses. Neben dem Bankkredit können hier auch Fördermittel oder viele grundsätzliche Tipps eine gewichtige Rolle spielen, doch dafür reicht der Platz in diesem Buch nicht aus. Daher beschränke ich mich auf wenige »kreative« Anregungen.

Grundsätzlich stellt sich hierbei die Frage, ob ein eigenes Haus oder eine eigene Wohnung überhaupt das Richtige für Sie ist. Ja, genau. Natürlich steht dieser Wunsch bei den meisten Menschen ganz oben auf der Liste. Ob es zum Einzelnen und seinem geplanten Leben passt, ist eine ganz andere Sache. Wenn Sie zum Beispiel gern und viel verreisen, könnte eine kleine Mietwohnung viel sinnvoller für Sie sein, weil Sie sich hier – im Gegensatz zur eigenen Immobilie – um (fast) nichts kümmern müssen und keinerlei zusätzliche finanzielle Verpflichtungen eingehen, die (später) auf Immobilienbesitzer zukommen. Vielleicht wollen Sie sich räumlich auch gar nicht (dauerhaft!) binden, weil Sie nicht wissen, ob der jetzige auch Ihr zukünftiger Lebensmittelpunkt sein wird.

Wenn Sie sich eine Finanzierung bei wirklich ehrlicher und exakter Rechnung aktuell nur gerade so leisten können (und das bei niedrigen Zinsen), überlegen Sie, wie viele sorgenvolle Nächte Sie für den Traum von den eigenen vier Wänden in Kauf nehmen, wenn Sie sich fragen, ob alles finanziell gut gehen wird (zum Beispiel wenn die Zinsbindung ausläuft und die Zinsen vielleicht steigen). Wenn Sie jedoch ein »Eigene vier Wände«-Typ sind, sollten Sie überlegen, wie Ihr Leben heute und in ein paar Jahren aussieht. Sind Sie heute zu zweit, in ein paar Jahren zu dritt oder zu viert und noch später vielleicht wieder nur zu zweit? Wie müsste Ihr Haus/Ihre Wohnung aussehen, damit Sie diese in allen kommenden Lebensphasen möglichst optimal nutzen können?

Möchten Sie, dass Ihr/e Kind/er auch im Erwachsenenalter noch bei Ihnen wohnen können, wenn sie wollen? Oder Ihre Eltern/Schwiegereltern? Vielleicht macht es dann Sinn, einen eigenen in sich geschlossenen Wohnbereich hierfür vorzusehen, zum Beispiel als Anbau oder im Keller. Oder Sie kaufen sich eine Immobilie, die Sie gar nicht selbst nutzen, sondern vermieten – vielleicht an Ihre Eltern, Schwiegereltern, Kinder oder Freunde? So haben Ihre Lieben einen optimalen Vermieter, der es gut mit ihnen meint, und Sie verlässliche Mieter, die Ihnen Ihre Immobilie, in die Sie in ein paar Jahren vielleicht selbst einziehen, Stück für Stück abbezahlen. Das Gleiche gilt auch für eine Ferienwohnung, die Sie vermieten und/oder teilweise selbst nutzen können, um so etwa die Kosten für Urlaube zu sparen. Vielleicht haben Sie im Alter auch Lust, nach dem Auszug Ihrer Kinder wieder für Leben in der Bude zu sorgen. Wie wär's mit der Vermietung von Zimmern an Studenten oder Freunde? Insbesondere dann vielleicht eine tolle Sache, wenn Sie allein wohnen. Oder wenn Sie eine Einliegerwohnung haben: Warum vermieten Sie diese nicht an Feriengäste und finden so neben einer zusätzlichen Einnahmequelle eine neue Erfüllung, wenn Sie anderen Menschen eine schöne (Urlaubs-)Zeit ermöglichen können? Oder Sie überlegen, wie Sie Ihr Zuhause durch Renovierungen oder Modernisierungen verschönern.

Es kann wunderbar erfüllend sein, sich mit dieser einen Frage den Kopf wund zu denken: Wie möchte ich wann wohnen? Je nachdem, wie Ihre Antworten ausfallen, sollte auch Ihre Baufinanzierung aufgestellt sein. Je konkreter Sie wissen, was Sie wann wollen, desto besser sind Sie in diesem Bereich gerüstet. Und wenn Sie zum Beispiel irgendwann Ihre Rente aufbessern wollen, ohne dafür etwas zu tun, und sogar weiterhin bis zum Lebensende in Ihrem Haus wohnen bleiben können, könnte eine Immobilienleibrente für Sie interessant sein. Hier wandeln Sie den Wert Ihrer Immobilie in eine lebenslange Rente samt ebensolchem Wohnrecht um, wenn Sie Ihr Haus nicht vererben können oder wollen. Denken Sie auch beim Wohnen zuerst von Ihrem Leben aus und suchen Sie dann nach Produktlösungen, die Ihnen die passende Unterstützung bieten. Wenn Sie sich das Gewünschte heute wirklich leisten wollen und es sich auch später noch leisten können, ist die Immobilienfinanzierung sicher das Finanzprodukt, das einen erlebbaren täglichen Wohlfühlfaktor mit sich bringt.

🖐 📇 Persönliche Alternativen und Geldalternativen zur Immobilienfinanzierung

Sind Sie Handwerker oder handwerklich begabt und wohnen noch zur Miete? Haben Sie Familie, Freunde oder gute Bekannte, die auf dem Bau arbeiten oder entsprechende Fähigkeiten besitzen? Oder einen (Schwieger-)Vater, der heute in Rente ist und früher auf dem Bau gearbeitet hat oder gute Kontakte in der Branche besitzt? Trauen Sie sich zu, ein Haus allein zu bauen mit genannter Unterstützung oder in Form eines »Selbstbauhauses«, das Sie unter Anleitung und Aufsicht von fachkundigen Menschen in Eigenregie bauen? Ein Nachbar hat genau dies getan – in seiner Freizeit, teilweise mit unbezahltem Urlaub über mehr als anderthalb Jahre. Natürlich brauchte er bei manchen Gewerken Hilfe, aber den Großteil hat er selbst gestemmt. Respekt! Ebenso kenne ich Menschen, die mithilfe ihrer Freunde von der Feuerwehr oder aus dem Sportverein ihren Traum vom Eigenheim erfüllt haben. Franky, der zweite meiner zwei besten Freunde, hat sogar ein Vierfamilienhaus fast komplett allein gebaut. Unfassbar! Hat auch ein paar Jahre gedauert. Aber heute stehe ich davor und sage: Wahnsinn, was du da aus eigener Kraft geschafft hast! Es geht viel mehr, als wir auf den ersten Blick denken. Ob dies immer *unser* Ding ist, ist die zweite Frage. Unmöglich ist kaum etwas. Und sei es, durch Eigenleistungen oder Geldgeschenke von den (Groß-)Eltern den zu finanzierenden Teil zu minimieren. Machbar ist vieles, wenn wir uns aktiv und kreativ auf die Suche begeben.

📄 Der Bausparvertrag

Ein Bausparvertrag ist eine Kombination aus einem Sparplan und dem Anspruch auf ein Immobiliendarlehen zu einem bereits heute festgelegten Zinssatz. Die grundsätzliche Idee: Wollte früher jemand bauen, sparte er hierfür so lange Geld an, bis er genügend besaß, um mit dem Bau zu beginnen. Der Vorteil des dann erfundenen Bausparens war es, dass sich viele Bauwillige zusammenschlossen, die alle in den gleichen Topf einzahlten. Dadurch sammelte sich schnell viel Geld an, was dazu führte, dass man nicht zwanzig Jahre auf den Baustart warten musste (wenn man alles allein selbst ansparte), sondern viel früher beginnen konnte (weil Geld von anderen Einzahlern bereitstand, das man sich lieh). So weit die für die Menschen damals hilfreiche Theorie. In der heutigen Praxis bleibt zwar das Grundprinzip, aber es kommen ein paar Bau(sparvertrags)mängel hinzu, die man schlucken muss – ob man will oder nicht.

Aber beginnen wir mit dem Vertragsabschluss. Hier heißt es zuerst: Bausparsumme und Bauspartarif festlegen. Welche Summe und welcher Tarif, das hängt zum Beispiel davon ab, wie viel Geld man wann für seinen Hausbau oder Immobilienkauf benötigt. Hier entsteht auch gleich schon das erste Problem: Woher sollen Sie das heute genau wissen? In der Regel muss man nämlich 40 bis 50 Prozent seiner Bausparsumme mit eigenem Geld ansparen, damit man danach überhaupt Anspruch auf die andere Hälfte in Form eines Immobiliendarlehens hat. Weil die Verzinsung für die Ansparphase immer schon beim Abschluss festgelegt wird (in der Regel ist diese sehr niedrig!) und meist ebenso der spätere Darlehenszins, gehen Sie hier unwissentlich eine Wette ein. Oder wissen Sie heute schon, ob der Darlehenszins zu dem Zeitpunkt, wenn Sie das Geld brauchen, höher oder niedriger ist als der heute vereinbarte Prozentsatz?

Die Bausparkassen sagen, dass Sie sich so einen »günstigen« Zins auf viele Jahre sichern, und machen dadurch das, was immer funktioniert: Sorgen schüren (steigende Zinsen) und vermeintliche Sicherheit bieten (heute festgelegter Zinssatz). Ein Bausparvertrag beinhaltet somit eine Versicherung gegen steigende Zinsen. Das hat seinen Preis. Im Fall, dass die Zinsen zu dem Zeitpunkt, zu dem Sie das Geld brauchen, niedriger sind, heißt es für Sie: Wette verloren. Die Frage ist, wer beim Eingehen der Wette bessere Voraussetzungen für den späteren Gewinn hat: der, der die Wette erfunden hat, oder der, der sie annimmt? Sie müssen das Darlehensangebot natürlich nicht annehmen. Aber macht solch ein Produkt dann überhaupt noch Sinn, wenn der Vorteil der (Zins-)Sicherheit am Ende ein Nachteil sein kann?

Geworben wird häufig ebenso mit der Flexibilität dieses Vertrags. Das ist auch nur eine bittere Werbepraline, denn Sie können sich Ihr Geld zwar auch dann auszahlen lassen, wenn Sie noch nicht komplett die Hälfte angespart haben. Aber: Dann verlieren Sie mitunter Geld! Sie können den Vertrag kündigen, erhalten Ihr Geld aber erst nach der meist dreimonatigen Kündigungsfrist zurück. Sie können Ihr Geld auch sofort verlangen – dann verlangt die Bausparkasse eine Entschädigung von in der Regel 1 Prozent der Bausparsumme pro Monat, den der Vertrag zu früh gekündigt wurde. In beiden Fällen gilt aber: Kündigen Sie vor Ablauf der siebenjährigen Sperrfrist, verlieren alle erhaltenen staatlichen Zulagen (wie die Wohnungsbauprämie oder die Arbeitnehmersparzulage), und meist sind auch die Abschluss- und Kontoführungsgebühren futsch, die deutlich über dem Preis für 'n Appel und 'n Ei liegen.

Fragen Sie sich vor dem Abschluss, ob Sie solch ein Produkt abschließen wollen,

1. das zweierlei kombiniert, das nichts miteinander zu tun hat, nämlich Sparplan und Immobiliendarlehen;

2. bei dem Sie sich schon jetzt für lange Zeit binden, obwohl Sie in den seltensten Fällen ganz genau wissen, wann Sie das Immobiliendarlehen genau brauchen;
3. mit dem Sie eine Wette eingehen, von deren Wettziel und den Faktoren, die für Ihren Wettgewinn eine Rolle spielen, Sie weder Ahnung noch Einfluss darauf haben;
4. bei dem hohe Abschlusskosten fällig werden, für die Sie meist (zu) lange brauchen, um durch Ihre Sparraten überhaupt erst einmal auf 0 Euro Kontostand zu kommen;
5. bei dem Sie gar nicht wissen, wann genau Sie Ihr Darlehen erhalten, weil Ihre »Zuteilung« von Faktoren wie einer Bewertungszahl des Vertrags abhängig ist, die Sie weder nennen noch verstehen können;
6. bei dem Sie selbst dann, wenn Sie Ihre Zinswette gewinnen und niedrigere Darlehenszinsen bezahlen als dann üblich, das geliehene Geld schnell zurückzahlen müssen (zu schnell für Sie?), weil es dieses Geld immer nur mit einer hohen Tilgungsrate gibt (zu viel für Sie?).

Sollten Sie mit dem Gedanken spielen, einen Bausparvertrag abzuschließen, macht das nur dann Sinn, wenn Sie sich den Traum von den eigenen vier Wänden definitiv erfüllen wollen und vorhersehen, dass Ihr zugesicherter Darlehenszins zum gewünschten Bau-/Kaufzeitpunkt mit großer Wahrscheinlichkeit die bessere Variante im Vergleich zu einem Bankannuitätendarlehen ist, und Sie genau wissen, wann Sie wie viel Geld aus dem Bauspardarlehen benötigen.

Übrigens: Wenn Sie einen Bausparvertrag nur abschließen, weil Sie Ihre vermögenswirksamen Leistungen darauf einzahlen wollen und das Darlehen gar nicht brauchen: Machen Sie's nicht! Im schlimmsten Fall dreht man Ihnen einen Vertrag mit (zu) hoher Bausparsumme an, der Ihrem »Berater«

eine tolle Abschlussprovision garantiert, Sie aber viel Geld kostet, und bei dem Sie mit den sehr geringen Arbeitgeberbeiträgen sehr lange brauchen, um allein nur die Provision abzubezahlen. Warum schließen Menschen überhaupt Verträge ab, durch deren Abschlussgebühr sie lange Zeit erst einmal im Minus sind? Würden Sie Karten für einen Kinofilm kaufen, den Sie erst nach zwanzig Minuten ansehen dürften?

Wenn Sie sparen wollen, wählen Sie Sparformen ohne Abschlussprovision und ohne (hohe) laufende Kosten. Wenn Sie einen Immobilienkredit brauchen, wählen Sie lieber ein Bankannuitätendarlehen, bei dem Sie genau wissen, wie es funktioniert und was Sie wofür bezahlen. Dies ist einfach zu verstehen und hat (meist) transparente Kosten und Bedingungen.

Diese Finanzprodukte möchte ich zusätzlich nutzen

1. Finanzprodukt	2. Dieses Ziel möchte ich damit erreichen	3. Das bin ich bereit, monatlich dafür auszugeben
☐ *Hausrat-versicherung*		€
☐ *Immobilien-finanzierung*		€
☐ *Bauspar-vertrag*		€

6. Beruflich erfüllt sein

Arbeiten Sie, um zu leben? Leben Sie, um zu arbeiten? Oder bringen Sie Ihr Leben und Ihre Arbeit in Einklang? Wussten Sie, dass wir den Großteil unseres bewussten Lebens, ausgenommen die Schlafenszeit, mit Arbeit verbringen? Machen wir uns dementsprechend auch ausreichend Gedanken, wie wir die passende Arbeit für uns finden und dann das Beste aus unserer Arbeitszeit machen? Arbeit ist kein Muss, sondern eine Möglichkeit. Die meisten von uns müssen ihren heutigen Job nicht machen, weil jemand sie jeden Morgen dazu zwingt oder weil sie ausschließlich »das Geld brauchen«. Arbeit gibt es genug – zu jeder Zeit, an (fast) jedem Ort. Auch wenn wir sie nicht immer sehen. Arbeit ist keine begrenzte Ressource, die wir wie Öl oder Kohle aus der Erde holen und die dann irgendwann erschöpft ist. Arbeit ist unbegrenzt, weil wir Menschen Arbeit (er)schaffen. Und wenn Sie mit Ihrer Arbeit unzufrieden sind: Wer sagt denn, dass Sie Ihr heute verdientes Geld nicht auch mit einem anderen Job erhalten, den Sie heute vielleicht nur nicht auf dem Zettel haben? Vergessen Sie das Schwarz-Weiß-Denken! Die Arbeitswelt ist ebenso bunt wie ihre Möglichkeiten, sie bestmöglich zu gestalten.
Nur wenige Jobs sind von A bis Z durchdefiniert und erlauben null Komma null eigene Interpretation. Arbeit wird gemacht – durch uns. Warum machen wir sie uns nicht so angenehm wie möglich? Hören wir auf damit, unser Leben in gute Zeiten, schlechte Zeiten zu teilen (das schlechte Leben startet mit dem Arbeitsbeginn, das gute Leben direkt mit dem Ausloggen oder Verlassen der Arbeitsstelle). Wir sind kein geteiltes Wesen: Arbeiter/-in und Privatperson. Wir sind EIN Mensch. Glauben Sie, ein geteiltes Leben hat keine Auswirkungen auf uns? Wer

jeden Morgen neben einem Partner aufwacht, den er nicht liebt, sondern an dessen Seite man sich halt so durch den gemeinsamen Tag quält, der hat nicht nur zu Hause ein Problem. Jeder von uns möchte gebraucht werden und spüren, dass er wie auch seine Arbeit einen Sinn ergibt – und nicht nutzlos ist. Nicht umsonst arbeiten die ältesten Menschen der Welt in Okinawa bis ins hohe Alter und stehen mit über 90 Jahren noch auf dem Markt, um Obst und Gemüse zu verkaufen. Wenn wir unserer Arbeit nicht nur etwas geben, sondern etwas von ihr mit nach Hause bekommen, dann erfüllt sie. In diesem Fall sind wir kein fremdbestimmter Mitarbeiter, sondern ein selbstverantwortlicher Glücksarbeiter!

Was wünsche ich mir für mein Berufsleben/ meine beruflichen Tätigkeiten?

1. Was ist das Besondere an meiner Arbeit? Warum habe ich mich genau für meinen jetzigen Beruf/meine aktuelle Tätigkeit entschieden?

   _____

   _____

   _____

2. Wenn ich bei allen Berufen das gleiche Gehalt bekommen würde: Hätte sich meine Berufswahl geändert? Inwieweit?

   _____

   _____

3. Welchen Sinn stifte ich mit meiner Arbeit? Wem? Was müsste passieren, damit ich mit meiner jetzigen Arbeit genau den Sinn stiften könnte, der mich erfüllt?

_____

_____

_____

4. Wie würde ich einem Fremden in einem Satz erzählen, was ich beruflich mache, und ihn hierdurch gleichzeitig davon begeistern?

_____

_____

5. Wenn man mir eine Weiterbildung meiner Wahl bezahlen würde: Für welche würde ich mich entscheiden? Aus welchen Gründen?

_____

_____

6. Wenn ich vollkommen frei wäre: Was an meiner heutigen Arbeit würde ich ändern, um darin möglichst zu hundert Prozent aufzugehen und Erfüllung zu finden?

_____

_____

7. Wenn ich mich (noch mal?) selbstständig machen könnte, sodass ich damit meinen Lebensunterhalt plus Notgroschen plus einen angemessenen Gewinn verdienen würde: Was würde ich anderen anbieten/verkaufen?

8. Sind Beruf und Freizeit bei mir in der Balance? Wann ja? Wann eher nicht? Was kann ich tun, um möglichst oft im Gleichgewicht zu sein?

9. Wäre ich mein Chef: Wie würde ich mich motivieren?

10. Wie viel Prozent meiner Möglichkeiten, Erfüllung in meiner Arbeit zu finden, schöpfe ich derzeit aus? Und welche »Schöpfkellen« bräuchte ich für den Rest?

Was brauchen Sie für Ihr berufliches Glück? Jetzt können Sie Nägel mit Köpfen machen, etwa so:

Ich möchte im nächsten Monat jeden zweiten Tag mehr Spaß auf der Arbeit erlebt haben als Stress.

Ich möchte meine persönlichen Fähigkeiten, die ich privat auslebe (zum Beispiel mein Organisationstalent), auch in meine Arbeit einbringen.

Ich möchte für mich bis zum 31. Oktober fünf sehr gute Gründe finden, warum ich diesen Job bis zu meinem Berufsende machen sollte. Finde ich sie nicht, schaue ich mich aktiv nach einer Alternative um, in die ich meine weitere Lebenszeit investieren möchte.

Oder wenn Sie schon im Ruhestand sind:

Ich möchte auch jetzt noch eine berufliche Tätigkeit finden, die mich körperlich/geistig ausfüllt und bei der ich merke: Hier werde ich gebraucht und wertgeschätzt.

Meine zehn wichtigsten Berufsziele und -wünsche und was ich aus eigener Kraft und mit Geld dafür tun möchte

	Mein Ziel/ Wunsch	Meine eigenen Aktivitäten	Meine Geldunterstützung € ___ Wofür ___
1			
2			
3			
4			
5			
6			
7			
8			
9			
10			

Welches Finanzprodukt könnte mich zusätzlich unterstützen und welche Alternativen habe ich hierzu?

Die Berufsunfähigkeitsversicherung

Die Berufsunfähigkeitsversicherung zahlt Ihnen eine monatliche Leibrente, wenn Sie gezwungenermaßen nicht mehr erwerbstätig sein können. Sie funktioniert nach dem »Alles oder nichts«-Prinzip. Entweder erkennt die Versicherung Ihre Berufsunfähigkeit an und ist dann verpflichtet, Ihnen auf lange Sicht eine Leibrente zu zahlen. Oder sie verweigert die Leistungen komplett. Wussten Sie das? Wahrscheinlich nicht, denn im Allgemeinen liest man in der Presse nur, dass diese Versicherung für jeden absolut notwendig sei, weil es eben jeden treffen kann (irgendwann, irgendwie, mit irgendwas) und dann vielleicht ganze Existenzen bedroht sind. Das ist natürlich wieder zuallererst Angstmacherei. Es stimmt, die Anzahl der Menschen, die berufsunfähig geworden sind, ist gestiegen. Und dadurch steigt automatisch natürlich auch die (statistische!) Wahrscheinlichkeit für alle anderen, berufsunfähig zu werden, was häufig als Beweisführung herangezogen wird, um diese Versicherung zu verkaufen.

Das ist der eine Grund. Der andere ist ein staatlich relevanter. Wussten Sie, dass die durchschnittliche Leibrente, die deutschlandweit gezahlt wird, bei circa 770 Euro liegt? Die ist nur wenig mehr als die Grundsicherung (Hartz IV), deren Leistungen jedem von uns im Notfall zustehen. Der Hammer kommt noch: Wussten Sie, dass die Leibrente mit der Grundversicherung verrechnet wird? Das heißt: Leibrente minus Grundsicherung gleich Ihre wirkliche Zusatzrente! Im Klartext: Hier zahlen Menschen für eine teilweise mickrige Zusatzrente hohe monatliche Beiträge. Geldvernichtung par exellence! Unfassbar!

Das bedeutet zum einen, dass in vielen abgeschlossenen Berufsunfähigkeitsversicherungen eine zu niedrige Leibrente vereinbart wurde. Aber: Warum wurden diese Verträge überhaupt abgeschlossen? Nur damit man eine Versicherung hat (und der Verkäufer seine Provision)? Wären Kunden über die Verrechnung von Leibrente und Grundsicherung informiert, hätten sie solche Verträge überhaupt abgeschlossen? Sicher nicht.

Zum anderen bedeutet es, dass der Staat hierdurch Sozialleistungen spart. Kein Wunder, dass uns diese Versicherung von allen Seiten dringend empfohlen und wärmstens ans Herz gelegt wird. Das alles ist gut für den Staat, und da wir alle ja der Staat sind, irgendwie auch für uns. Richtig gut fühlt sich das für (ein)zahlende Einzelpersonen trotzdem nicht an, oder? Die logische Folgerung wäre jetzt, viel höhere Leibrenten zu vereinbaren. Klingt gut, theoretisch. Praktisch heißt das, dass die sowieso schon sehr teuren Berufsunfähigkeitsversicherungen noch mehr Geld kosten würden, ohne dass Sie wissen, ob Sie von diesem Geld später auch »profitieren« werden – was Sie eigentlich ja auch gar nicht wollen. Noch teurer wird das Ganze übrigens, wenn Sie einen Beruf mit einem erhöhten Risiko ausüben, zum Beispiel bei der Feuerwehr oder als Dachdecker/-in, und wenn Sie bei Abschluss der Versicherung schon älter sind. Deshalb wird gerade jungen Menschen allzu gerne eine Berufsunfähigkeitsversicherung »eingeredet«, weil diese ja in jungen Jahren so schön günstig ist. Tja, das kommt eben drauf an. Absolut betrachtet mag das stimmen, denn ein junger Mensch zahlt grundsätzlich weniger dafür als ein älterer. Aber entscheidend ist stets der *relative* Preis. Wenn der junge Mensch kein oder nur wenig Einkommen hat, sind 30 Euro jeden Monat eine Menge Geld – und das bei der geringeren Wahrscheinlichkeit, berufsunfähig zu werden, sowie der Ungewissheit, wie sich das junge Leben noch entwickeln wird. Macht es wirklich Sinn, für viele Jahre Geld zu bezahlen, von dem man schon beim Vertragsabschluss wissen müsste, dass es mit großer Wahrscheinlichkeit ein Geldgeschenk für die Versicherung ist?

Nicht anders ist es bei jungen Familien. Zuerst werden ihnen Sorgen eingeredet: »Was, wenn Ihrer süßen Familie von heute auf morgen das Einkommen des Hauptverdieners wegbricht?« So wird aus Angst ein Abschluss, und Provisionen und Verwaltungsbeiträge werden fällig. Warum fragt man die Menschen nicht, worum sie sich wirklich sorgen, statt ihnen Sorgen von außen zu implantieren? Vielleicht sorgt sich die Familie gar nicht und lässt sich dann aber von DEM EINEN BEISPIEL »überzeugen«, wo die Berufsunfähigkeitsversicherung eine Existenz »gerettet« hat. Klar gibt es solche Beispiele. Aber diesen wenigen Geschichten stehen etliche Beispiele gegenüber, in denen Menschen ihr Leben ohne den Verlust der Berufsfähigkeit bestritten haben. Die überwiegende Mehrheit kommt auch ohne Versicherungshilfe gut durchs Leben.

Daher sollte ein Abschluss oder eine Ablehnung gut überlegt sein. Wägen Sie selbst ab, welche Argumente für Sie zählen. Hierzu gehört neben dem Wissen um das Versicherungsprinzip, »alles oder nichts« zu zahlen, die Frage, ob Sie damit einverstanden sind, dass im Erwerbsunfähigkeitsfall nicht Sie selbst entscheiden, was Sie noch können und was nicht, sondern ein Arzt. Im Zweifel befindet dieser, dass Sie arbeiten können, obwohl Sie sich dazu nicht in der Lage fühlen. Oder Sie müssen trotz (erheblicher?) Einschränkungen in einem anderen Beruf weiterarbeiten, weil Sie beim Abschluss nicht genau auf die Vertragsbedingungen geachtet haben. Vielleicht gehen Sie auch komplett leer aus trotz Erwerbsunfähigkeit, weil Sie bei der Gesundheitsprüfung beim Vertragsabschluss falsche oder unzureichende Angaben gemacht haben (oder Ihr Arzt zu seinem »Versicherungsgesundheitsbericht«, den die meisten Patienten gar nicht zu Gesicht bekommen).

Und falls gezahlt werden sollte, gehen Sie nicht davon aus, dass Sie Ihre vertraglich zugesicherte Leibrente direkt nach Feststellung der Erwerbsunfähigkeit erhalten. Das kann dauern. Zum einen zahlen manche Tarife erst nach sechs Monaten (wovon leben Sie in dieser Zeit eigentlich?). Zum anderen haben manche Versicherer augenscheinlich nicht so rechte Lust, die vertraglich zugesicherten Leistungen auch zu erbringen. Zwar präsentieren sich Versicherungsgesellschaften werbewirksam als unsere »Schutzengel«, die immer auf uns aufpassen und sich im Notfall aufopferungsvoll wie ein Familienmitglied um uns kümmern. Aber warum sind von heute Erwerbsunfähigen vor der versprochenen Auszahlung nicht selten mehrere (zeitlich versetzte) Gesundheitsuntersuchungen, komplizierte Formulare und lange Bearbeitungszeiten zu überstehen? Wenn die Versicherung trotz gültigem Vertrag und der gegen geleistete Geldzahlungen übertragenen Verantwortung alles versucht, um ihrem Versprechen zu entgehen: Warum zahlen wir unsere Beiträge dann nicht lieber an eine Person unseres Vertrauens, mit der wir vereinbaren, dass sie sich im Fall der Fälle um uns (oder unsere Familie) kümmert und uns das Geld zurückzahlt, wenn uns bis zu einem festgelegten Zeitpunkt nichts passiert? Weltfremd? Realitätsnaher als »Experten«, die tatsächlich empfehlen, zusätzlich zur Berufsunfähigkeits- unbedingt eine Rechtsschutzversicherung abzuschließen, damit man im (häufig üblichen) Streitfall mit der Versicherung (Zahlung: ja oder nein?) rechtlichen Beistand erhält. Das ist, als würde man direkt bei der Eheschließung einen Scheidungsanwalt für die (häufig übliche) Trennung beauftragen. Noch Fragen!?

Persönliche Alternativen und Geldalternativen zur Berufsunfähigkeitsversicherung

Hilfreich und spannend ist es, sich die Gründe genau zu besehen, warum Menschen überhaupt berufsunfähig werden. Der Hauptgrund – neben Schäden am Bewegungsapparat – sind psychische Erkrankungen. Warum? Stress, Leistungsdruck, Angst um den Arbeitsplatz, Rationalisierung, Kostendruck, Effizienzsteigerung, Prozessoptimierung ... Erinnern Sie sich noch an den ersten Teil? Geld regiert die Welt, auch die Wirtschaft: Alles und jeder strebt nach dem maximalen Gewinn. Die Unternehmensführung ebenso wie die Führungskräfte. Diese müssen, um ihren Job zu behalten oder weil sie Karriere machen wollen, um noch mehr Geld zu verdienen, 150 Prozent Kraft, Zeit und Leben investieren. Weil Druck immer von oben nach unten wirkt, muss es jemanden geben, der ihn aufnimmt: der »einfache« Mitarbeiter. Der kann ihn ja nicht weitergeben. An die Kollegen? Vielleicht ein bisschen. An Kunden? Schlechte Idee. An den Chef? Ganz schlechte Idee! Was bleibt? Der Versuch, dem Druck standzuhalten und Dampf in der Freizeit abzulassen (was dazu führen kann, dass man irgendwann weder Partner noch Freunde hat) oder ihn zu behalten und irgendwann zu implodieren.

Ebenso kann es natürlich sein, dass wir privat unter Druck stehen und manchmal meinen, unser Leben nicht in den Griff zu bekommen, den Erwartungen anderer (und an uns selbst?) nicht gerecht zu werden. Brennen Sie nicht aus – wegen anderer. Sorgen Sie für eine Balance in Ihrem Berufs- und Privatleben. Was bringt Ihnen Geld, wenn Sie auf der Couch jeden Abend vor Erschöpfung einschlafen oder Ihre Familie Sie nur gereizt erlebt? Könnten Ihr Körper und Ihre Gesundheit entscheiden: Würden sie Ihnen einen Jobwechsel nahelegen, eine andere Arbeitseinstellung oder ein »Kürzertreten«? Welchen Rat könnten Ihr Herz und Ihr Glücksgefühl beisteuern? Was auch immer Sie für das Richtige für sich halten: Brennen Sie *für* etwas – Ihretwegen und wegen Ihrer Familie/Partnerschaft.

Wussten Sie, dass auch Ihre Partnerin/Ihr Partner ein Baustein sein kann bei der Frage »Berufsunfähigkeitsversicherung – ja oder nein«? Wenn er oder sie Fähigkeiten besitzt, um (wenn Sie ausfallen) genügend Geld für Sie beide zu verdienen, ist auch das eine Art Absicherung – neben der Grundsicherung durch den Staat. Eine gute (Aus-)Bildung zweier Partner trägt erheblich dazu bei, das allenthalben beschworene Risiko der Altersarmut erheblich zu mindern. Und vergessen wir bei allen persönlichen Aktivitäten auch hier unsere Familie und engsten Freunde nicht. Wenn wir ein funktionierendes soziales Netzwerk haben, greift es uns sicherlich auch hier unterstützend unter die Arme.

Bei allen bleibenden Sorgen, die ich aufgrund der Unvorhersehbarkeit des Lebens verstehen kann: Erwerbsunfähig sein heißt nicht, tot zu sein! Niemand weiß, was dies für einen selbst genau heißt. Wir dürfen das Beste hoffen – und müssen nicht immer vom schlimmstmöglichen Fall ausgehen.

Machen wir uns lieber auf den Weg, um so lange wie möglich berufsfähig zu bleiben. Ob körperlich oder geistig: Unternehmen können wir hierfür eine Menge aus eigener Kraft. Ganz sicher!

Diese Finanzprodukte möchte ich zusätzlich nutzen

1. Finanzprodukt	2. Dieses Ziel möchte ich damit erreichen	3. Das bin ich bereit, monatlich dafür auszugeben
☐ Berufs-unfähigkeits-versicherung		€

7. Gut leben im Alter

Herzlich willkommen zu dem Lebensthema, das für jeden von uns eine Rolle spielen wird: das gute Leben im Alter – wobei ich mit »Alter« die »Rentenzeit« meine. Bewusst schreibe ich nicht »die Zeit nach der Arbeit«, denn heutzutage schließen sich Arbeit und Rente nicht mehr aus. Einerseits weil es (leider) Menschen gibt, denen die klassische Rente nicht zum Leben reicht und die sich Geld dazuverdienen müssen. Andererseits weil Arbeit für viele im Alter eben nicht Geldverdienen bedeutet, sondern Anerkennung, Sinnstiftung und das lebensnotwendige Gefühl, gebraucht zu werden.

Viele Menschen, die das Leben »im Alter« bereits genie-

ßen dürfen, sind aktiver, aufgeweckter und engagierter als jemals zuvor. Alt zu werden schreckt – zum Glück – kaum jemanden mehr ab. Vielmehr bedeutet es die Aussicht auf ein wirklich selbstbestimmtes Leben, denn wenn die Pflicht nicht mehr ruft und schlagartig Stille einkehrt, gilt es, sich glücksfördernde Ziele und Beschäftigungen zu suchen. Die schon erörterten Lebensthemen Gesundheit, Partnerschaft, Familie, Wohnen, Freizeit, Arbeit bekommen für uns jetzt vielleicht ganz andere Prioritäten oder wünschenswerte Inhalte, wenn wir sie aus einem anderen Lebensalter-Blickwinkel betrachten.

Was wünsche ich mir für mein Leben im Alter?

1. Was möchte ich bis zu welchem Alter körperlich leisten?

_____

_____

_____

2. Welche geistigen Leistungen möchte ich auch im hohen Alter noch erbringen können? Bei welchen Gelegenheiten kann ich die Kraft meiner Gedanken am besten zeigen?

_____

_____

_____

3. Welche lang ersehnten oder aufgeschobenen Wünsche möchte ich mir erfüllen? Und welche vergessenen Hobbys?

_____

_____

4. Welche drei Dinge möchte ich am Ende der mir verbleibenden Zeit unbedingt erlebt oder erledigt haben?

_____

_____

_____

5. Wie wünsche ich mir meine Partnerschaft auf der Zielgeraden? Welche neuen (kleinen oder großen) Abenteuer nehmen wir zusammen noch in Angriff?

_____

_____

6. Welche gemeinsamen Momente möchte ich mit meinen Kindern und/oder Enkelkindern noch erleben?

_____

_____

_____

7. Mit welchen meiner Freunde möchte ich möglichst viel Zeit verbringen? Was könnten wir gemeinsam unternehmen, das besonders in Erinnerung bleibt?

_____

_____

_____

8. Wie und wo möchte ich gern wohnen? Reizt mich das (Teilzeit-)Leben im sonnigen Süden, möchte ich an einem neuen Ort in Deutschland noch mal ganz neu anfangen oder mein jetziges Zuhause verschönern?

_____

_____

_____

_____

9. Welche Erfahrungen, Fähigkeiten oder Kenntnisse möchte ich anderen Menschen weitergeben? Auf welche Art?

_____

_____

_____

_____

10. An welche Orte aus meiner Vergangenheit, an die ich wunderschöne Erinnerungen habe, möchte ich noch einmal zurückkehren? Und welche neuen Gegenden/ Länder möchte ich live vor Ort entdecken?

_____

_____

_____

_____

Haben Sie ein möglichst konkretes Bild vor Augen, wie Sie später im Alter leben möchten? Zum Beispiel:

Ich möchte bis zu meinem Lebensende stets so gesund und fit wie möglich sein. Daher treibe ich dreimal die Woche aktiv Sport für unterschiedliche Muskelgruppen. Am liebsten in Gemeinschaft.

Ich möchte mich nicht mehr um ein Haus kümmern – Besitz belastet. Viel lieber ziehe ich in eine kleine Mietwohnung und entdecke mit dem Hauserlös im Gepäck die Welt.

Ich möchte meine Kinder und Enkelkinder so oft wie möglich sehen. Daher möchte ich in ihre Nähe ziehen und sie tatkräftig unterstützen, soweit sie dies wollen.

Ich weiß, dass Geld viele Menschen beruhigt – gerade wenn sie an das (ungewisse) Leben im Alter denken. Natürlich können Sie Geld fürs Alter zurücklegen. Ganz ohne Geld ist das Leben später kein Zuckerschlecken. Doch durch Geld allein wird das Leben eben auch nicht zuckersüß.

Meine zehn wichtigsten Ziele und Wünsche für mein Leben im Alter und was ich aus eigener Kraft und mit Geld dafür tun möchte

	Mein Ziel/ Wunsch	Meine eigenen Aktivitäten	Meine Geldunterstützung € ___ Wofür ___
1			
2			
3			
4			
5			
6			
7			
8			
9			
10			

Welche Finanzprodukte könnten mich zusätzlich unterstützen, und welche Alternativen habe ich hierzu?

Alle möglichen »Steuersparmodelle«

Wer selbst schon einmal Geld in eine sogenannte Steuersparanlage gesteckt hat, der weiß: Damit spart man vielleicht (ein paar Euro) Steuern, aber verliert nicht selten (viel zu viel) Geld und Nerven. Heißt ja auch »Steuersparmodelle« und nicht

»Geldvermehrungsmodelle«. Alle Steuersparmodelle verbindet eine Tatsache: Sie sind komplex und kompliziert. Man braucht schon ausgefuchste Superexperten, die tolle Finanzprodukte kreieren, durch die man – am besten mit gutem Gewissen – viel Steuern sparen kann: mit »Öko-Anlagen« wie Windkrafträdern, Solarzellen oder auch mit (den Straßenverkehr entlastenden) Schiffen, Filmen, Immobilien, Fonds oder Versicherungsprodukten, die unter anderem mit Steuervorteilen werben, oder, oder, oder ...

Was Ihnen die Schöpfer und Verkäufer solcher Produkte nicht sagen: Sie werden hierzu in der Regel eine Menge Unterlagen erhalten, die Sie sich eigentlich durchlesen müssten, um wenigstens ungefähr zu verstehen, worin Sie Ihr Geld da investiert haben. Diese Unterlagen können mit den Jahren mehrere Ordner füllen und Nachschusspflichten enthalten, weil das geplante geniale Megasupersteuersparmodell finanziellen Nachschub braucht, damit es zum Beispiel auch fertiggestellt werden kann. Und wer einmal nachschießen darf, ist nicht selten häufiger dran. Nicht weil das Ihr bereits investiertes Geld voranbringen würde, vielmehr weil dieses bisher eher noch gar nichts vorangebracht hat – nur den Reibach des Produkterfinders. Und Sie müssen gegebenenfalls nachschießen, weil Sie sich dazu vertraglich verpflichtet haben (im Kleingedruckten, genau). Steht alles in den ellenlangen Verträgen, die in Ordnern verstauben und eigentlich schon aufgrund ihrer vorhandenen Masse schreien: »Lass die Finger davon! Ich verstehe mich ja selbst nicht!« Allein die Lebenszeit, die Sie damit verbringen, nein vergeuden, die ganzen Unterlagen zu sichten, zu bearbeiten und zu ordnen ... verschenktes Geld und Lebensglück. Und das für (ein paar?) gesparte Steuern oder, im nicht selten eintretenden Fall, für einen erheblichen Geldverlust, den das Steuersparmodell leider auch mit sich bringen kann (die Kosten fressen viele Steuervorteile schon ganz von allein auf)? Steuersparmodelle? Kann man sich getrost sparen.

🦩 Persönliche Alternativen zu Steuersparmodellen

Wenn Sie zu viel verdienen und Steuern sparen wollen, arbeiten Sie doch einfach weniger. Reduzieren Sie Ihren Job und Ihre Arbeitszeit so lange, bis Sie keinem Spitzensteuersatz mehr unterliegen. Das bereichert dafür vielleicht nicht Ihr Konto, aber Ihre Partnerschaft, Ihr Familienleben, Ihre Freizeit und, und, und ... Und wenn Sie zu viel Vermögen haben, dessen Erträge Ihre Freistellungsaufträge sprengen: Warum akzeptieren Sie nicht einfach, dass Sie Steuern zahlen müssen, ohne sich darüber zu ärgern oder nach Steuersparmodellen zu suchen, mit denen Sie sich einmalig wie unterjährig beschäftigen müssen und im Zweifel Steuern auf Geld sparen, das bald schon nicht mehr (komplett) vorhanden ist? Oder Sie geben Ihr Vermögen so lange aus, bis Sie mit den dann erzielbaren Beträgen unter den Freigrenzen bleiben. Wenn Sie diesen »Geldüberhang« sinnvoll ins Leben investieren, ersparen Sie sich Gedanken darüber, wie Sie Ihr Geld eventuell anders aufteilen können, um unterhalb der Freigrenzen zu bleiben, und erhalten dafür im besten Fall grenzenloses Glück: risikolos und steuerfrei!

Oder Sie investieren Ihr Geld statt in Steuer<u>spar</u>modelle in Steuer<u>zahl</u>modelle – zum Beispiel in Start-up-Unternehmen. Hierdurch unterstützen Sie (junge) mutige aktive Menschen dabei, etwas zu tun, woran sie glauben, um die Welt mit ihren Produkten, Dienstleistungen, Visionen besser zu machen, und ebenso neue Arbeitsplätze zu schaffen. Wie emotional gewinnbringend kann es sein, die Entwicklung eines solchen Unternehmens – idealerweise aus der Nähe – zu verfolgen, an die Träume anderer (mit) zu glauben und sie vielleicht sogar mit eigenen Kontakten oder Erfahrungen auf ihrem Weg zu unterstützen. Hierfür sind keine Millionen notwendig. In Zeiten von Crowd-Investing kann sich jeder schon mit kleinen Summen beteiligen. Oder Sie kennen jemanden aus Ihrem

Umfeld, Ihrer Region, den oder dessen Ideen Sie unterstützenswert finden. Wollen sich Ihre (Enkel-/Paten-)Kinder selbstständig machen und brauchen Kapital, das sie von risikoscheuen Banken nicht bekommen, weil diese nicht an Visionen glauben, sondern nur an Gewinnprognosen? Sind Sie vom Bio-Naturkosthof in der Nähe überzeugt, dem eine Finanzspritze auf Nachfrage weiterhelfen könnte? Die Möglichkeiten, Ihr Geld sinnvoll zu investieren, sind riesig – wenn Sie Augen, Herz und Konto dafür öffnen. Werden Sie selbst zur »Lebensbank«, die in Menschen mit Visionen investiert, Leben befördert, keine Maximalrendite anstrebt und etwas erhält, das viel glückserfüllender ist: eine Sinnrendite.

Die Sterbegeldversicherung

Eine Sterbegeldversicherung ist eine meist lebenslange Kapitallebensversicherung, die im Todesfall vor allem die Beerdigungskosten und andere direkt mit dem Tod verbundene Kosten decken soll. »Begräbnisse sind teuer!« – »Sichern Sie sich eine würdevolle Beerdigung!« – »Fallen Sie Ihren Hinterbliebenen nicht finanziell zur Last.« – »Je eher Sie abschließen, desto günstiger ist es!« Vergessen Sie sämtliche Werbebotschaften und lassen Sie die Finger davon. Zum einen, weil manchmal sogar entscheidend ist, wann Sie woran sterben, damit die Versicherung auch wirklich zahlt. Und zum anderen: Weil der Großteil der eingezahlten Beiträge für den Versicherungsschutz des Versicherten draufgeht, »vermehrt« sich auch hier nur ein kleiner Teil Ihres eingezahlten Geldes, der überdies nur mickrig verzinst wird. Werfen Sie Ihr Geld lieber aus dem Fenster, dann haben wenigstens Ihre Nachbarn etwas davon!

Persönliche Alternativen und Geldalternativen zur Sterbegeldversicherung

Wenn Sie nicht sicher sind, dass Ihre Hinterbliebenen Ihre Beerdigung aus Ihrem Erbe bezahlen können, legen Sie hierfür doch einfach ein Konto an, auf das Sie den notwendigen Betrag zahlen oder ansparen. Und klären Sie für sich die Frage, wie Sie beerdigt werden wollen, wie Sie sich Ihre Beerdigung wünschen und was diese überhaupt kosten soll oder darf. Vielleicht geht sie doch nicht so ins Geld, wie Sie heute vielleicht befürchten. Denn auch hierbei gilt, seinen Geldeinsatz gut abzuwägen. Ist Ihnen ein »großer« Abgang mit allem Luxus wichtig, wären Sie glücklich über eine kleine Zeremonie, bei der Ihre Liebsten keine Trauer tragen und Ihre Lieblingslieder für positive Gänsehaut sorgen, oder wollen Sie das dafür benötigte Geld nicht lieber zu Lebzeiten nutzen? Wenn Sie wissen, was Sie wollen, sagen Sie es Ihren Kindern, Verwandten oder guten Freunden. Das sorgt, im Gegensatz zur Sterbegeldversicherung, wirklich für ein gutes Gefühl – bei Ihnen und Ihren Lieben, weil sie wissen, wie Sie einmal verabschiedet werden möchten.

Die Kapitallebensversicherung

Die Kapitallebensversicherung setzt sich aus einem Sparvertrag und einer Todesfallabsicherung zusammen. Zum einen werden Ihre gezahlten Beiträge dazu genutzt, Geld anzusammeln, um dieses zu einem vereinbarten Zeitpunkt in einer Summe auszuzahlen. Zum anderen erhalten Ihre Hinterbliebenen im Falle Ihres Ablebens ein sogenanntes Todesfallkapital. Für Jüngere und Ältere ist dieses Produkt jedoch ungeeignet, und zwar aus drei Gründen:

1. Eine Kapitallebensversicherung packt zwei Produkte zusammen, die überhaupt nichts miteinander zu tun haben. Das ist ungefähr so, als wollten Sie einen Liter Milch kaufen, bekämen diesen aber nur, wenn Sie das daran festgetackerte Vollkornbrot mitkauften. Wer einen langfristigen Sparvertrag will, kann den auch einzeln haben. Wer eine Todesfallabsicherung möchte, zum Beispiel für seine Familie, ebenso.

    Der Unsinn des Ganzen wird deutlich, wenn man weiß, für welchen Zweck solche Versicherungen in der Regel abgeschlossen werden: für den Fall des Renteneintritts. Hierfür kann ein Sparvertrag Sinn machen (nicht dieser hier, aber dazu komme ich gleich). Aber doch keine Todesfallabsicherung, die ebenfalls bis zum (Arbeits-) Ende »mitläuft«. Was will man damit, wenn die Kinder zu Hause ausziehen, man selbst 50 oder 55 ist und die anfänglich vertraglich vereinbarte Absicherung gar nicht mehr benötigt? Wenn man per se zwei Produkte zusammen kaufen muss, die vollkommen unterschiedlichen Nutzen bieten und ganz andere Ziele verfolgen, gilt: FINGER WEG!

2. Häufig wird dem versicherungswilligen Käufer beim Vertragsabschluss eine Dynamisierung empfohlen. Das bedeutet, dass die anfangs vereinbarten Monatsbeiträge je nach gewünschtem Prozentsatz jährlich oder alle paar Jahre erhöht werden. Als Argumente hört man hierfür gern: »Damit Sie sich gegen die Inflation absichern!« Oder: »Sie verdienen ja auch mehr, wenn Sie älter werden. Da sind 1, 2 oder 4 Prozent doch nicht viel. Wir passen Ihre Sparbeiträge einfach Ihrem Einkommen an.« Clever, was?

    Eine Dynamisierung kostet den Verkäufer meist nur einen Haken. Für Sie wird dieser Haken zum Haken und kostet Sie richtig Geld. Denn jede dieser automatischen Beitragserhöhungen gilt als Neuabschluss, und das bedeu-

tet: Genau, der Verkäufer bekommt hierfür eine Verkaufsprovision – und Sie bekommen davon nichts mit. Jahr für Jahr für Jahr. Weiterhin steigt mit Ihrem fortschreitenden Alter auch der Anteil, der von Ihrem dynamisierten Beitrag für die Todesfallabsicherung ausgegeben wird. Am Ende bleibt von Ihrem »Zusatzbeitrag« also kaum etwas übrig, das gespart werden kann.
3. Eine Kapitallebensversicherung bietet einen Garantiezins auf die eingezahlten Sparbeiträge. Weil der Garantiezins so gering ist und davon noch die Abschlussprovision bezahlt wird sowie die Kosten für die Verwaltung und den Todesfallschutz, bleibt am Ende fast nichts mehr an Rendite übrig. Manche Versicherer gehen sogar davon aus, dass heute Neuversicherte selbst ihre eingezahlten Beiträge bei späterer Auszahlung nicht mehr wiedersehen. Und auch bei den früheren 4-Prozent-Garantiezins-Verträgen kenne ich Fälle, in denen am Ende nur 2,6 Prozent herauskamen.

Und jetzt stellen Sie sich mal vor, ein Zwanzigjähriger schließt so einen Unsinn ab und verlässt sich auf die blumigen Aussagen des Verkäufers. Da die Kapitallebensversicherung des Deutschen liebstes Finanzprodukt ist, tut es mir für die Masse der Menschen echt leid, dass sie oftmals gutmütig auf ihre Berater hereingefallen sind und ihnen ebenso leichtsinnig vertraut haben. Wenn diese Menschen gewusst hätten, dass von den 100 Euro, die sie zu sparen meinen, bis zu 20 Euro für Abschlussprovision und Verwaltungskosten des Versicherers und für die Todesfallabsicherung weggehen können: Hätten sie wirklich 100 Euro ausgegeben, von denen nur circa 80 Euro übrig bleiben, »angelegt« werden und sich dann über 20, 30, 40 Jahre durch niedrige Zinsen kämpfen müssen, die, wenn überhaupt, nur knapp über der Inflation liegen, nur um am Ende wieder so viel wert zu sein wie beim Vertragsabschluss?

Übrigens: Auch eine fondsgebundene Lebensversicherung ist nicht viel besser. Sie ist nur ein Fondssparplan im Versicherungsmantel, der meist wieder eine Risikolebenspolice beinhaltet. Also wieder ein unsinniges Kombinationsprodukt, für das man Sie mit »Steuerersparnissen« gewinnen will, das aber viel zu viele Gebühren kostet. Das alles gilt auch für fondsgebundene Rentenversicherungen.

📄 Die private Rentenversicherung

Eine private Rentenversicherung zahlt Ihnen entweder eine lebenslange Rente oder Ihr angespartes Kapital auf einmal aus – allerdings beides erst nach Erreichen des vereinbarten Renteneintrittszeitpunkts. Wie die Kapitallebensversicherung hat auch sie das Problem der niedrigen Verzinsung sowie der zu hohen Kosten. Wenigstens verzichtet sie auf eine Todesfallabsicherung. Dennoch gehen Sie auch hiermit eine Wette mit dem Versicherer ein. Versterben Sie nämlich kurz nach Rentenbeginn und haben Sie weder eine Rentengarantiezeit noch eine Restkapitalabfindung vereinbart, dann gehört das Guthaben der Versicherung. Die Frechheit: Für heute neugeborene Mädchen legen manche Versicherungen SELBST eine Lebenserwartung von 103 Jahren zugrunde, was bedeutet, dass die späteren Rentenversprechungen logischerweise deutlich geringer ausfallen, als die Masse der Menschen sie in Wirklichkeit benötigt. Clever gerechnet und gespart von der Versicherung, die ihre »sensationelle« Botschaft lobpreist, dass ihre Versicherten selbst bis ins sehr hohe Alter noch Rentenzahlungen erhalten. Wenn man weiß, dass die durchschnittliche Lebenserwartung, die unabhängig von irgendwelchen Verkaufszielen erhoben wird, bei neugeborenen Jungen bei 77 Jahren und 9 Monaten und bei Mädchen bei 82 Jahren und 10 Monaten liegt, darf man der Versicherung herzlich gratulieren und den Versicherten ihr (Renten-)Beileid aussprechen. Kein Wunder, dominiert ein Begriff in der Versicherungswelt schließlich seit Jahren viele Aktivitäten (und Produkte): »Langlebigkeitsrisiko«. Für uns ein Glück (wenn wir möglichst gesund bleiben), für die Versicherung Pech. Verkehrte Welt. Das gilt übrigens auch für den viel beworbenen steuerlichen Vorteil bei der Auszahlung. Denn was bringen Ihnen Steuererleichterung, wenn Sie kaum Erträge haben, mit denen Sie davon profitieren können?

Aktien

Mit einer Aktie sind Sie Anteilseigner an einem börsennotierten Unternehmen. Sie nehmen mit Ihrer Anlage über den Börsenkurs und gegebenenfalls über ausgeschüttete Dividendenzahlungen an der jeweiligen Unternehmensentwicklung teil.

Als ich noch geldsüchtig war, habe ich mit privatem Geld unzählige Einzelaktien in meinem Depot gehabt und ihre Entwicklung zuerst wöchentlich verfolgt. Als ich dann realisierte, dass einzelne Werte an einem Tag locker 20 Prozent ins Minus rutschen können, habe ich täglich beide Augen draufgeworfen. Meine Wahl traf ich nach allen möglichen Kriterien: Von dem Wert habe ich ein Notebook: Super! Deren Bilanzkennzahlen überzeugen mich: Die gehen bald ab wie 'ne Kursrakete! Und die da stehen laut meiner Chartanalyse kurz vor dem Ausbruch!

Ich hielt mich damals für einen Experten, der weiß, wie die Märkte funktionieren. Kein Wunder, schließlich hatte ich mich erstens beruflich und zweitens auch privat intensiv mit Börsen, Märkten, Kennzahlen usw. beschäftigt. Heute weiß ich: Alles Unfug. Es gibt niemanden, der die Märkte oder Unternehmen wirklich zu »lesen« vermag und weiß, was sich wann wie entwickeln wird. Übrigens auch keine Fondsmanager, zu denen ich gleich komme. Nicht umsonst hat Eugene Fama einen Wirtschaftsnobelpreis für seine Erkenntnis bekommen, dass alle verfügbaren Informationen bereits im aktuellen Kurs enthalten und nicht vorhersagbar sind, sondern Zufallsbewegungen unterliegen. Das heißt: Keine einzige Nachricht auf dieser Welt ist nicht bereits im aktuellen Kurs/Wert enthalten, sprich »eingepreist«.

Mit einer Ausnahme: Insiderinformation. Aber erstens ist es verboten, diese beim Kauf oder Verkauf anzuwenden (oder auf dieser Grundlage Empfehlungen abzugeben). Und zweitens, wer hat denn solche Informationen? Ich ganz bestimmt nicht. Sie? Oder die Manager Ihres Fonds? Natürlich auch nicht. Alle tun genau das, was ich auch tat: raten. Auch Fondsmanager raten, welche Aktien, welcher Markt, welche Währung sich vielleicht wie entwickeln könnte. Dabei bemühen sie viele komplexe Analysen, umfangreiche Recherchen, beeindruckende Statistiken und erklären in bestem »Bankchinesisch«, wie gut sie sich (von Frankfurt aus!) in Brasilien auskennen und dem Markt dort allerbeste Chancen einräumen, das nächste Renditeparadies zu werden – was natürlich außer dem Experten und jetzt Ihnen noch keiner weiß, was bedeutet, dass man hier nur noch JETZT, HIER und HEUTE SCHNÄPPCHEN machen kann.

Wow! Nein, Blödsinn. Sie alle raten, ohne das zu verraten! Der eine rät besser, die allermeisten schlechter. Genau wie ich damals, als ich neben Aktien dann auch irgendwann mit Optionsscheinen gehandelt habe: auf Währungen, Aktien, Rohstoffe und, und, und. Weil es dabei innerhalb von Sekunden auch ohne Weiteres mal 80 Prozent rauf- oder runtergehen kann, hätte ich eigentlich sekündlich draufschauen müssen. Aber warum schwanken Aktien heutzutage überhaupt permanent und teilweise erheblich, obwohl es zu ihren Unternehmen gar keine neuen Nachrichten gibt? Weil man am schnellen Kauf und Verkauf eine Menge Geld verdient. Im Jahr 1993 betrug die durchschnittliche Haltedauer einer Aktie noch vier Jahre. Im Jahr 2013 war es dann schon etwas weniger: 22 Sekunden! Ein Hoch auf den Hochfrequenzhandel. Während früher Menschen Aktien kauften, sind es heute Computerprogramme. Es geht schon lange nicht mehr um den Ursprung der Aktie, nämlich sich an einem Unternehmen zu beteiligen, es finanziell zu unterstützen und von seiner Entwicklung langfristig zu profitieren. Börse hat schon ewig kaum mehr etwas mit Fundamentaldaten zu tun, also den betriebswirtschaftlichen Daten oder dem ökonomischen Umfeld eines Unternehmens. Heißt es häufig, Börse sei Psychologie, weil der Glaube an die zukünftige Perspektive wichtiger scheint als alles andere, so sage ich: Börse ist intransparentes Spielkasino. Wer im Spielkasino zockt, weiß, dass er nichts weiß und sein Gewinn oder Verlust vom Zufall oder anderen Mächten abhängt. Wer sein Geld an der Börse anlegt, weiß um all das nicht.

Warum welche Kurse wirklich hoch- oder runtergehen, weiß heute kein Mensch mehr. Computer haben die Börsenmacht übernommen und treiben Kurse bewusst in die Höhe oder in die Tiefe. Computern sind die Unternehmen egal, ebenso wie ihre Arbeitsplätze, ethische Gesichtspunkte, sinnvolle Produkte oder gesellschaftliches Engagement. Es geht ihnen und ihren »Finanzherrchen« eben nur ums Geldverdienen.

Genau darum sollte man als Privatanleger auch niemals einzelne Aktien kaufen. Das kann natürlich gut gehen. Ich habe für meine Eltern damals auch 5.000 Euro in nur eine Aktie investiert, diese über mehrere Jahre behalten und dann für knapp 30.000 Euro verkauft. Ich hatte eine eigene Meinung zu diesem Wert, habe an seine Produkte, seine Vision und den Markt geglaubt – und, das Allerallerwichtigste, ich hatte einfach Glück.

Kaufen Sie besser keine Einzelaktien. Woher wollen Sie wissen, welche zukünftigen (für Ihren individuellen Anlagehorizont) »die Richtigen« sind? Überlassen Sie das lieber den »Profis«, sprich den Fondsmanagern. Was? Einspruch!

📄 Investmentfonds

Investmentfonds investieren Ihr Geld in verschiedene Anlagen, wie zum Beispiel Aktien, Anleihen oder Immobilien. Viele funktionieren wie eine Art Kühlschrank und wollen, so die Theorie:
- für eine ausgewogene Mischung sorgen zwischen sicheren und renditestarken Inhalten (nur Hochprozentiges ist bei Geldanlagen ebenso riskant wie im Kühlschrank), deren Inhalt auch zum Anleger passt;
- immer möglichst preiswert einkaufen;
- alle Inhalte regelmäßig überprüfen und die Dinge, deren Renditehaltbarkeitsdatum abgelaufen oder kurz davor ist, gegen frische Waren austauschen;
- einen automatischen Füllservice bieten, durch den sich der Anleger um nichts kümmern muss.

Und die Praxis? Eins vorweg: Auch der Fondsbereich wird von unzähligen Finanzmythen regiert. Auf den Wahrheitsgehalt kommt's selten an in der Finanzindustrie, in der alle nur Getriebene in einem Irrsinnskursspiel sind, das ganz eigenen Regeln folgt, die niemand versteht, geschweige denn beherrscht.

Folgen Sie daher nicht blind irgendwelchen wohlklingenden Argumenten, mit denen nur versucht wird, Sie zum Fondsabschluss zu bewegen, etwa den folgenden beiden:

1. **Die tollen Vergangenheitsgewinne.** Jeder Fonds wird fast ausschließlich darüber verkauft, wie gut er in der Vergan-

genheit »performt«, also kursentwicklungstechnisch abgeschnitten hat. Werden die »Erfolge von gestern« hingegen verschwiegen, weil es keine gab, entfällt selbst dieses unsinnige (Kauf-)Argument.

Wenn man dann noch weiß, dass sich fast jeder Fonds (-manager) bei seinem Renditeziel an irgendeinem Vergleichsindex orientiert, etwa dem Deutschen Aktienindex (DAX), ahnt man das Problem. Ein Fondsmanager erzielt meist nur so viel Rendite, wie er muss, sprich: in der Nähe des Vergleichsindexes.

Denn will er mehr Rendite erzielen, als der Markt gerade hergibt, muss er dafür höhere (Verlust-)Risiken eingehen, was ihm im Zweifel nur den Zorn seines Chefs einbringt. Da Fondsmanager und ihre Gesellschaften nicht umsonst arbeiten, bedeutet das: Selbst wenn der Fonds etwas mehr Rendite erwirtschaftet hat als der DAX, gehen davon noch die Kosten für die Fondsverwaltung ab. Heißt: weniger Rendite für Sie. Natürlich gibt es auch einige wenige Fonds, die mehr Rendite einfahren. Aber ob ihre Manager so viel Rateglück auch in Zukunft haben, wissen weder sie selbst noch Sie (ebenso wenig, ob die Manager überhaupt aktiv kaufen/verkaufen oder stur die Werte ihres Vergleichsindexes nachbilden und somit Geld für etwas bekommen, das sie gar nicht leisten). Was aber bereits klar ist, sind die hohen Kosten, die häufig zusätzlich als »faire« Erfolgsprämie positiv verkauft werden, die jedoch nur eines ist: ein Renditekiller.

Ich kenne viele Menschen, die Fonds besitzen, deren Entwicklung (teilweise seit Jahren) negativ ist. Was meinen Sie, wie es ihnen geht, wenn sie ihren jährlichen Depotauszug betrachten und einigen Verlusten jahrelang hinterherlaufen? Wie stolz war ich doch auf meine ersten 500 Prozent Gewinn mit einem Optionsschein. Viel intensiver war jedoch das 90-prozentige Verlustgefühl bei einer anderen Spekulation. Einmal hatte ich 18 Werte im Depot, wovon

17 im Plus waren, einer jedoch im (fetten) Minus. Worauf sah und woran dachte ich permanent? Genau. Erst als ich diesen Wert mit hohem Verlust verkauft hatte, ging's mir besser. Komisch, oder? Manchmal ist ein realisierter Verlust für die eigene Lebensqualität eben besser als ein noch nicht realisierter, der einem den letzten Nerv raubt.

Unzählige Kunden fallen heute auf die Verkaufsmasche der vergangenen Erfolge rein. Kein Wunder, denn Fondsgesellschaften haben heute Hunderte Fonds im Angebot, von denen irgendeiner immer ganz passabel abgeschnitten hat. Dieser wird dann mit (nicht selten dubiosen) Auszeichnungen ins Schaufenster gehängt und wie auf dem Rummel als Superduperchance angepriesen. Die unzähligen Fondskrücken, die bereits viele Menschen vor Jahren gekauft haben, werden ganz bewusst versteckt – als ob es sie nie gegeben hätte. Die Verlierermehrheit ruht unbemerkt auf dem riesigen Fondsfriedhof, während im (Werbe-)Rampenlicht nur die sehr, sehr wenigen aktuellen »Fonds-Promis« stehen – meist jedoch auch nur für sehr kurze (Verkaufs-)Zeit. Würden wir, wenn's nicht ums Geld ginge, privat einen Partner nur aufgrund seiner Erfolge aus vergangenen Beziehungen auswählen? Entscheidend ist eben nicht, was war, sondern was noch kommt und wie der Fonds darauf reagiert. Aber das weiß niemand, womit wir schon beim zweiten »Fonds-Topargument« wären,

2. **Die »richtige« Mischung.** Als Fondsvorteil wird häufig angeführt, dass Fonds das Risiko ja dadurch minimieren, dass sie entweder viele unterschiedliche Werte einer Anlageklasse enthalten (Aktien, Renten, Immobilien) oder Werte aus mehreren Anlageklassen »sinnvoll« kombinieren. Denn: Geht's dem einen Wert/der einen Anlageklasse mal schlecht, geht's dafür (vielleicht) einem anderen besser. Aber wer kocht, der weiß, dass das Essen nicht automatisch gut schmeckt, wenn man neben einigen faulen Zutaten auch

ein paar essbare mit im Kochtopf hat. Gerade in Zeiten, in denen zum Beispiel die jahrzehntelang als sicher geltenden Staatsanleihen teilweise heftig schwanken oder kaum mehr Zinsen bringen, ist diese »Finanzweisheit« ein Relikt längst vergangener Tage. Die Zeit der »Autopilot-Renditen« ist vorbei. In einer Welt, die auf permanentes Wachstum ausgerichtet ist, geht es nicht mehr um Vernunft oder Logik, sondern nur noch um Spekulation und Profitgier.

Der permanente Wechsel, das häufige Kaufen und Verkaufen, von den Fonds als großer Vorteil propagiert, ist in Wahrheit nicht selten dem Eigennutz geschuldet. Manche Fonds kaufen nämlich andere Fonds (ihrer eigenen Gesellschaft). Da bei jedem Kauf Gebühren fällig werden, zum Beispiel in Form von Ausgabeaufschlägen, ist das gut für die Fondsgesellschaft, aber schlecht für Ihre Rendite. Weiterhin sorgt der häufige Wertewechsel nicht zwangsläufig für kräftigen Renditeregen. Hätte man im Jahr 2005 VW-Aktien gekauft und sie zehn Jahre behalten, hätte man sein Geld verzehnfacht. So etwas würden Fondsmanager jedoch nicht machen, weil sie ja nur eine einzige Existenzberechtigung haben: durch ihr Handeln, also Kaufen und Verkaufen, möglichst viel Rendite zu erwirtschaften. Ganz bewusst missachten Fondsmanager also die Grundregel, dass Aktien kein kurzfristiges Spekulationsobjekt sein sollten, sondern eine langfristige Unternehmensbeteiligung, die sich auf Dauer auch in Form von Kursentwicklungen und/ oder Dividendenausschüttungen bezahlt macht. Wahnsinn, was uns unter dem Deckmantel einer »sinnvollen Vermögensaufteilung« alles an Unsinn verkauft wird.

Übrigens: Mein »Finanzberater« rief mich einmal an, weil er mir einen supergenialen Immobilienfonds vorstellen wollte – wegen der sinnvollen Aufteilung seines Vermögens und der »langfristig sicheren Rendite«. Als ich ihn fragte, ob er wisse, dass ich ein eigenes Haus besitze (das ich bei ihm sogar finanziert habe!) und dass ich als Einzelkind auch das Haus meiner Eltern irgendwann erben würde, verstand er noch immer nicht. Ich musste Klartext reden: »Meinen Sie, ich brauche einen Immobilienfonds, wenn ich einen Großteil meines Vermögens bereits im eigenen Haus angelegt habe?« Auch für Fonds gilt: Entscheidend ist NIE die Verkaufsstory oder die Renditeaussicht, sondern immer, ob Ihnen dieser bei einem konkreten LANGFRISTIGEN Ziel oder Wunsch in Ihrem Leben hilft.

📄 Aktien-Indexfonds (ETFs – Exchange Traded Funds)

ETF. Klingt wie ein Parteiname, ist aber ein Investmentfonds mit sehr geringen Kosten, der einen Aktienindex mit seinen Werten und ihren jeweiligen Anteilen am Index eins zu eins nachbildet (zum Beispiel den DAX oder MSCI World Index). Ein Aktien-Indexfonds ist für alle eine echte Alternative, die ihr Geld langfristig anlegen wollen (15 Jahre oder noch länger), weil sie es für ein klares Zukunftsziel zurücklegen wollen. Warum? Der Deutsche Aktienindex beispielsweise hat in den letzten 50 Jahren eine durchschnittliche jährliche Rendite von mehr als 7 Prozent erzielt. Zieht man die geringen Kosten für den ETF samt Steuern ab, bleibt genügend Plus übrig, das sich über die Jahre zu einem schönen Sümmchen entwickeln kann. Ähnlich gute Entwicklungen gelangen im gleichen Zeitraum übrigens dem Dow Jones Index, der sich aus 30 der größten börsennotierten US-amerikanischen Unternehmen zusammensetzt, dem S&P 500, der sogar 500 der größten börsennotierten US-amerikanischen Unternehmen beinhaltet, und dem Weltaktienindex MSCI World, der die Entwicklung von mehr als 1.500 Aktien aus 23 Industrieländern abbildet.

Welcher Index ist der beste für Sie? Sehr, sehr stark vereinfacht gesagt: Wenn Sie auch zukünftig von der Exportstärke der deutschen Wirtschaft überzeugt sind, der DAX. Wenn Sie an die anhaltende Innovationskraft der wichtigsten amerikanischen Firmen glauben, der Dow Jones oder der S&P 500. Und wenn Sie mit einem dauerhaften weltweiten Wachstum rechnen, der MSCI World. Eine anständige Rendite haben alle vier Indizes in der längeren Vergangenheit geliefert. Klingt alles gut, aber: Vorbei ist vorbei. Die wichtigste Frage ist: Geht diese Entwicklung zukünftig weiter? Bis vor Kurzem hätte ich überzeugt erklärt: Langfristig muss es so sein, dass – vor allem die großen – Unternehmen mehr Rendite erwirtschaften als der Geldmarkt zum Beispiel mit seinen Tagesgeldzinsen. Warum? Weil wir in einer (wirklich noch sozialen?) Marktwirtschaft leben, in der Unternehmer nur Geld von der Bank aufnehmen, zum Beispiel für 5 Prozent Zinsen, wenn sie dieses Geld nutzen, um damit deutlich mehr Rendite für ihr Unternehmen zu erwirtschaften.

Bleibt die Frage, ob die soziale Marktwirtschaft bestehen bleibt. Nun, so viele andere Wirtschaftsformen gibt es ja nicht. Die soziale Marktwirtschaft wird bestehen bleiben. Darin sind sich ausnahmsweise sogar mal die Ökonomen einig. Oder glauben Sie, dass wir zum Beispiel noch einmal eine Planwirtschaft erleben werden? Die soziale Marktwirtschaft ist der Teppich, auf dem sich unsere Gesellschaft bewegt. Ziehen Sie ihn weg, bekommen wir nicht nur wirtschaftlich, sondern vor allem gesellschaftlich ganz andere Zustände.

Wächst die (Welt-)Wirtschaft unaufhörlich immer weiter, sind Aktien für Privatanleger die beste aller langfristigen Geldanlageklassen und die automatische Kopplung an einen Index die derzeit cleverste Anlageart. Und wenn Sie einen Aktien-Indexfonds monatlich besparen, profitieren Sie sogar noch von fallenden Kursen, weil Sie hier mit Ihren 50 Euro mehr Anteile kaufen, die bei steigenden Kursen mehr wert werden und Ihrer Rendite beim Wachsen helfen. Krisenzeiten sind die Sonderangebote der Börse für langfristig orientierte Sparer. Wer hier mit seinem monatlichen Spargroschen automatisch zugreift – immer das eigene Geldziel im Auge (zum Beispiel die Kreuzfahrt in 15 Jahren oder der gemeinsame Ruhestand mit dem Mann/der Frau in 20 Jahren) –, profitiert in guten Zeiten doppelt und dreifach von den in schlechten Zeiten gekauften (günstigen) Anteilen. Tipp für alle Tagesgeldfreunde: Auch von diesem Vermögen können Sie monatlich kleine Beträge in den ETF investieren. Während eine Geldmarktanlage mit der Zeit riskanter wird, weil der Geldwertverlust meist höher ist als der Niedrigzins, steigt bei Aktien das Sicherheitsgefühl, weil ihre Renditen auf längere Sicht zumindest in der Vergangenheit häufig über der Inflation lagen.

Eine feine Sache, oder? Wenn der Wachstumsexpress so weiterfährt: ja. Genau daran darf man aber zumindest seine Zweifel haben. Was ist, wenn sich ganze Branchen radikal verändern, wie es vielerorts bereits geschehen ist, und (Gewinn-)Einbrüche die Folge sind? Viele der »DAX-Altstars« (Auto-, Banken- und Versorgertitel) sind längst keine Performance-Promis mehr, häufig nur jahrelange Renditereinfälle. Und im Gegensatz zum Dow Jones Index fehlen im DAX derzeit die »Börsenwunderkinder«, die neue (Welt-)Trends setzen (zum Beispiel im Digitalbereich) und die mit ihrer Strahlkraft und ihren Visionen für eine dauerhafte positive Indexentwicklung sorgen könnten, wenn die Zeit der aktuellen riesigen Welt-Geld-Schwemme und die damit verbundenen fast automatischen Kurssteigerungen vielleicht einmal vorbei sind. In der Liste der 100 weltweit größten Börsenkonzerne ist mit Bayer derzeit nur ein deutscher Vertreter an Bord. Ist die Zeit der exportstarken Branchen vorbei, die über Jahrzehnte auch vom Wachstum anderer Länder profitierten?

Und mal ganz grundsätzlich gefragt: Ist permanentes und unbegrenztes (Wirtschafts-)Wachstum überhaupt möglich? Oder gibt es ihn doch, diesen einen Punkt, ab dem alles kippt? Steht uns der große Wachstumsknall bevor, oder knallt es bereits um uns herum, ohne dass wir es merken? Niemand weiß, wie lange das jahrzehntelange Wachstum noch gut geht oder welche (Welt-)Krisen, (Unternehmens-)Skandale oder (Kurs-)Manipulationen es wann zum Erliegen bringen. Auch zukünftig bleibt die Welt unkalkulierbar und Börsen trotz ihrer theoretisch vorhandenen und überzeugenden Chancen vor allem eines: ein Glücksspiel, bei dem ein Aktien-Indexfonds in einer (noch für lange Zeit?) kapital- und ertragsorientierten Welt zumindest die beste aller vorhandenen Optionen ist, wenn Sie Ihr Geld langfristig anlegen möchten und Ihren Aktiensparvertrag auch bis zum geplanten Ende durchhalten.

Persönliche Alternativen und Geldalternativen zur Renten- und Kapitallebensversicherung sowie zu Aktien, Investmentfonds und Aktien-Indexfonds

In manchem Fall kann es sich lohnen, sein Geld direkt in die gesetzliche Rentenversicherung zu investieren (geht ab 55 Jahren). Informieren Sie sich kostenfrei bei der Deutschen Rentenversicherung, wie viel Euro Zuzahlung in Ihrem Fall welche zusätzliche Monatsrente bringt. Die Vorteile: Es fallen weder Abschlussgebühren an noch laufende Kosten. Und wenn der Crash wirklich kommt und der Krisenfall eintritt: Wo ist Ihr Geld wohl sicherer, wenn nicht beim deutschen Staat?

Nebenbei können Sie für sich die wichtigste Frage klären: Wann wollen Sie eigentlich in Rente gehen? Davon hängt ab, was Sie finanziell hierfür gegebenenfalls noch unternehmen sollten.

> Nehmen Sie hierfür einfach Ihr Rentenwunschalter und rechnen Sie mit folgender Grundformel: Ihre reguläre Rente (siehe Rentenbescheid) minus 0,3 Prozent für jeden Monat vom Wunschrenteneintritt bis zum regulären Renteneintritt ergibt Ihre Rente zum gewünschten Zeitpunkt.

Wichtig: Die Angabe Ihrer Rente auf der Renteninformation berücksichtigt weder die Inflation noch ist es eine Garantierente. Je nachdem, wie Sie im Alter leben möchten, kann es sinnvoll sein, zusätzlich privat vorzusorgen. Wenn Sie dies bereits tun, achten Sie darauf, wann welche Gelder »fällig«, also verfügbar werden. Was nutzt Ihnen eine Anlage, die Sie mit 75 erhalten, wenn Sie das Geld mit 65 für Ihre Kreuzfahrt brauchen?

Doch vergessen Sie über dem Geld das Leben nicht. Was bringen Ihnen viel Geld und/oder hohe Ablaufleistungen einzelner Finanzverträge, wenn Sie dadurch nicht das Leben führen können, das Sie wollen? Normalerweise müsste es doch so sein: In jungen Jahren, wenn man viele Ziele und Wünsche hat, müsste man viel Geld haben, um es mit vollen Händen ins Leben und in sein Glück zu tauschen. Und im Alter, wenn man kaum mehr Ziele und Wünsche hat und sowieso kaum noch vor die Tür geht, bräuchte man nur wenig Geld. Einspruch? Gut so! Heute ist es nämlich ganz häufig genau anders herum: Junge Menschen haben immer seltener einen Plan, was sie wollen, und auch keine konkreten Ziele für ihr Leben. Sie sind nicht selten müde, gestresst oder überfordert ob der vielen Möglichkeiten und notwendigen Entscheidungen. Und die »Alten«? Die blühen auf und wissen gar nicht, was sie noch alles in ihren 24 Stunden unterbringen sollen. Gut so!

Aber was heißt das jetzt in Sachen Geld und Finanzprodukte? Sie sind für viele im Alter sicherlich nicht unwichtig. Aber, liebe »Alten«, bei Weitem nicht das Wichtigste, oder? Wenn sich das jahrzehntelange Hinterherrennen und Horten von Geld im Alter für uns auszahlt und wir es dann endlich aktiv und gerne in Leben zurücktauschen: Warum werden dann jedes Jahr so unfassbar viele Millionen vererbt? Zeigt sich am (Lebens-)Ende dann doch, dass wir uns entweder viel zu viel Geld für das Leben hart erarbeitet und anderes dafür aufgegeben haben oder dass wir unfähig sind, uns nach und nach mit gutem Gefühl von unseren Euros zu verabschieden? Lernen wir's endlich. Wenn nicht jetzt, wann dann? Unser Geld will nicht jahrelang auf unsichtbaren Konten oder in dunklen Tresorräumen liegen, nur um am Ende (*unserem* Ende) den Besitzer zu wechseln, der sich ebenso verhält wie wir zuvor. Wollen wir denn wirklich, dass Großteile unseres Geldes niemals das Tageslicht erblicken? Unser Geld will doch nur eines: raus. Raus ins Leben, Ihr Leben!

Diese Finanzprodukte möchte ich zusätzlich nutzen

1. Finanzprodukt	2. Dieses Ziel möchte ich damit erreichen	3. Das bin ich bereit, monatlich dafür auszugeben
☐ *Steuersparmodelle*		€
☐ *Sterbegeldversicherung*		€
☐ *Kapitallebensversicherung*		€
☐ *Private Rentenversicherung*		€
☐ *Aktien*		€
☐ *Investmentfonds*		€
☐ *Aktien-Indexfonds (ETF)*		€

Weitere Finanzprodukte im Schnellcheck

📄 *Die geförderten Produkte: vermögenswirksame Leistungen, Riester- und Rürup-Rente*

Aufgrund der unglaublich großen Vielfalt an unterschiedlichen Produktausgestaltungen kann ich hier nur sagen: Finanzprodukte zur Riester- und/oder Rürup-Rente können rein theoretisch sinnvoll sein, wenn Sie

- sie wirklich verstehen, weil sie ganz einfach funktionieren,
- Verträge ohne Abschlussprovision, versteckte Gebühren/Risiken und mit geringen laufenden Kosten wählen,
- sich bei lang laufenden Verträgen für Produkte mit Kapitalmarktorientierung entscheiden (also Aktien) und
- wenn Ihnen nach Abzug aller Kosten und Steuern (und bei Niedrigverdienern nach einer Anrechnung auf die Sozialhilfe, wie sie zum Beispiel bei der Riester-Rente erfolgt!) noch etwas von den versprochenen Geldvorteilen übrig bleibt und sie Ihr ganzes vermehrtes Geld am Vertragsende auch in einer Summe wiederbekommen (geht bei der Riester-Rente nicht) und/oder vererben können (geht bei der Rürup-Rente nicht).

In diesem Fall würden Sie zumindest nichts verkehrt machen. Ob es solche Finanzprodukte gibt? Viel Spaß beim Suchen oder viel einfacher: Finger weg!

Für vermögenswirksame Leistungen gilt: Wenn Ihr Chef Ihnen Geld schenkt (derzeit max. 40 Euro monatlich) und Sie dieses Geld mit gegebenenfalls eigenen Zuzahlungen (zum Beispiel im Rahmen der Höchstgrenzen, um mögliche staatliche Förderungen zu erhalten) in einem Finanzprodukt anlegen (das Ihr Geld nicht durch eigene Kosten komplett auffrisst) und Sie bis zum Ablauf möglicher Sperrfristen (je Produkt unterschiedlich) auf dieses Geld verzichten können: Machen Sie das! Je weniger Sie finanziell von diesen Produkten profitieren und je mehr Zweifel Sie haben, desto besser sind Ihr Geld und Ihre Zeit anderweitig investiert – in Ihr Leben.

Die betriebliche Altersvorsorge

Durch die betriebliche Altersvorsorge können Arbeitnehmer von ihrem Arbeitgeber Versorgungsleistungen bei Invalidität, Tod oder im Alter erhalten. Die hierfür notwendigen monatlichen Beiträge werden direkt vom Bruttogehalt entrichtet, wodurch weniger Sozialversicherungsbeiträge und Steuern gezahlt werden müssen. Klingt lukrativ, weil dadurch – in der Theorie – »clever« gespart wird und gleichzeitig netto mehr übrig bleibt. In der Praxis heißt das aber auch, dass man später mit einer geringeren gesetzlichen Rente rechnen muss, weil man eben weniger Geld eingezahlt hat. Diese neue Lücke muss durch die betriebliche Altersvorsorge erst einmal geschlossen werden, die natürlich auch eigene Kosten verursacht, die die Rendite drücken und mit ihren fünf möglichen Durchführungswegen und unzähligen »Kleinigkeiten« (die vor allem die spätere Auszahlung betreffen) extrem komplex und kompliziert daherkommt. Wem Einfachheit und Transparenz wichtig sind, sollte sich seine Unterschrift lieber sparen.

Das Girokonto

Wenn Sie nicht alle Ihre Rechnungen bar bezahlen möchten, kommen Sie nicht um ein Girokonto herum. Welches? Das hängt von Ihrem Nutzungsverhalten ab. Wie viele Buchungen haben Sie? Brauchen Sie das angepriesene Mehrwertkonto (das auch mehr kostet)? Ist ein Konto mit einer Einzelpostenabrechnung bei Ihren wenigen Buchungen nicht sinnvoller als das All-inclusive-Konto? Und auch, wenn ich mich bei allen Sparfüchsen jetzt unbeliebt mache: Wollen Sie wirklich das (nur scheinbar kostenlose) Null-Euro-Konto? Kostet das die Bank kein Geld? Sind das Altruisten, die Ihnen Geschenke machen wollen? Oder holen sie sich das verlorene Geld auf andere, versteckte Weise wieder – von Ihnen oder anderen Kunden? Offen, fair und transparent ist das nicht, und auch ein Girokonto hat einen Preis, der unter anderem seine Zahlungsverkehrsleistungen allemal wert ist.

Das Tagesgeldkonto

Es bringt zwar wenig oder keine Zinsen, aber braucht man die? Das Geld, das hier liegt, parkt doch nur für gewisse Zeit, zum Beispiel als Notreserve, wenn mal etwas Unvorhergesehenes passiert. Normalerweise. Heutzutage liegt jedoch unfassbar viel Geld im sogenannten Geldmarkt, also auch auf Tagesgeldkonten. Teilweise seit der Finanzkrise von 2008. Warum? Weil viele unsicher sind, wie's weitergeht, und KEINEN Verwendungszweck für ihr Geld haben. Ein paar Euro hier liegen zu haben kann Sinn machen – auch, um bei Engpässen keine Dispozinsen zahlen zu müssen. Mehr Geld zu horten, als Sie für Notfälle und Ihr gutes Gefühl brauchen, macht aber keinen Sinn. Insbesondere, weil Großteile dieses Geldes weder kurz- noch mittelfristig gebraucht werden und in einen Aktien-Indexfonds häufig sehr viel sinnvoller aufgehoben wären. Übrigens: Wenn die Zinsunterschiede zwischen Giro- und Tagesgeldkonten so minimal wie heute sind, könnte man dieses kurzfristig notwendige Geld auch getrost auf dem Girokonto lassen. Das gesparte Tagesgeldkonto erleichtert, weil Sie wieder ein Finanzprodukt weniger haben, an das Sie denken müssen.

Ach ja: Wussten Sie, dass Ihr Geld hier (wie beim Girokonto) automatisch vor Diebstahl und Brand mitgeschützt wird? Das war mal einer der Gründe, warum man sein Geld überhaupt zur Bank brachte. Wirklich sicher ist Ihr Geld aber erst, wenn Sie es nicht zu irgendeiner (Direkt-?)Bank bringen, die vielleicht pleitegeht und bei der Ihre Euros gegebenenfalls nicht unter dem Schutz der Einlagensicherung stehen. Sind die paar Prozentpünktchen mehr Rendite, die Sie hier vielleicht erhalten, diese Ungewissheit wert?

Die Kreditkarte

Sicher bezahlen im Internet, Auslandsreisekrankenversicherung, Kfz-Schutzbrief fürs europäische Ausland, Reiserabatte, Kaufschutzversicherung, weltweite Bargeldverfügungen und vieles mehr. Kreditkarten bieten eine Menge. Braucht man das alles? Entscheiden Sie selbst. Auch 70 Euro Jahresgebühr oder mehr könnte man sich sparen oder sie anderweitig ausgeben, wenn man die automatisch enthaltenen Leistungen entweder gar nicht benötigt oder einzelne selbst bezahlen würde, wenn man sie denn braucht. Online bezahlen können Sie auch anders (kostenlos!). Eine Reiserücktrittsversicherung können Sie dann abschließen, wenn Sie auch verreisen und es im jeweiligen Fall für sinnvoll erachten. Statt eines Kfz-Schutzbriefs könnten Sie auch ADAC-Mitglied werden (wenn Sie wollen, sogar erst im Pannenfall!). Entscheidend ist nie die Leistungsvielfalt irgendeines Finanzprodukts, sondern nur, was Sie davon wann brauchen.

📄 *Das Sparbuch*

Braucht man das noch? Als Nostalgiker vielleicht. Zinsen gibt's hier kaum. Meist ein wenig mehr als auf dem Tagesgeldkonto, aber damit ist man flexibler. Auch hier gilt: Jedes Finanzprodukt, das Sie nicht haben, macht Sie finanziell unabhängiger!

📄 *Das Zertifikat*

Ist dort ein sogenanntes Derivat enthalten, Finger weg. Bei diesem Wettgeschäft ist Ihr Wettgegner meistens eine Bank, die die Wette erfunden hat. Wer da wohl gewinnt? Warum darin überhaupt Derivate enthalten sind? Weil eine Schuldverschreibung (das ist der andere Teil eines Zertifikats) langweilig klingt und nicht so viel Rendite abwerfen kann, wie es mit einer eingebauten undurchsichtigen Wette der Fall ist. Und fehlt die Wette im Zertifikat, sind die Zinsen, die man bekommt, meist so niedrig, dass man ebenso gut und gerne darauf verzichten kann.

📄 *Die Banksparpläne*

Auch hier gibt es zinstechnisch meist kaum etwas zu holen. Im Sinne der Einfachheit sind sie verzichtbar. Fragen Sie sich lieber, auf wie viele Konten und Anlageformen Sie Ihr Geld grundsätzlich verteilen wollen. Reichen ein Tagesgeldkonto (oder Girokonto) für den schnellen Zugriff heute und zum Beispiel ein ETF-Sparplan für langfristige Ziele und Wünsche nicht aus? Weniger ist auch hier mehr und bringt neben einer klaren Übersicht die Gewissheit, dass Ihr Geld wirklich lebensorientiert angelegt ist – und nicht geldorientiert und gebunden (also wieder fremdbestimmt!) nach irgendwelchen Anlagelaufzeiten.

📄 *Anleihen und Sparbriefe*

In früheren zinsreicheren Zeiten mag es aus Renditegesichtspunkten sinnvoll gewesen sein, sein Geld zum Beispiel auf mittelfristige Sicht (circa fünf bis acht Jahre) in Anleihen oder Sparbriefen anzulegen. Heute ist das sinnlos. Zum einen, weil es sich zinstechnisch einfach nicht lohnt, sich und sein Geld hiermit für längere Zeit zu binden (für ein klein wenig mehr Rendite). Zum anderen, weil zum Beispiel Anleihen heute kein sicherer Renditehafen mehr sind, sondern im stürmischen Finanzozean, ebenso wie Aktien, mal hoch-, mal heruntergetrieben werden. Ausgang ungewiss.

(M)ein kleines Finanzprodukt-Fazit

Wie viele Finanzprodukte braucht der Mensch in jedem Fall?
- Ein Girokonto für den Zahlungsverkehr und die kurz- sowie mittelfristige Geldanlage (wenn Ihre persönliche Inflationsrate gering ist oder Sie der entstehende Geldwertverlust nicht stört);
- eine günstige Privathaftpflichtversicherung für die finanzielle Absicherung bei ungewollt verursachten schweren Personenschäden und vielleicht noch
- einen Aktien-Indexfonds für langfristige Ziele und Wünsche (zum Beispiel das Leben im Alter), wenn man die Chancen des »Börsenglücksspiels« höher einschätzt als die Risiken. (Was wäre es alleine für eine riesige Rentrevolution, wenn junge Menschen auf diese Art sparen würden?)

Das könnte reichen als Finanzbasis. Wer kein Auto hat, braucht keine Kfz-Haftpflichtversicherung. Wer kein Haus besitzt, keine Wohngebäudeversicherung. Wer Single ist, kommt ohne Risikolebensversicherung durchs Leben usw.

Wenn wir erkennen, dass Finanzprodukte eine Möglichkeit und keine zwingende Notwendigkeit sind, können wir es bei diesen drei Produkten belassen – oder gezielt darauf aufbauen.

Wie? Haben Sie konkrete Ziele und Wünsche, die Sie weder aus eigener Kraft noch mit Geld direkt erreichen können, können Sie sich auf die Suche nach hilfreichen Finanzprodukten machen. Wissen Sie hierbei genau, was das gesuchte Produkt leisten muss, um die heutige Lücke zu Ihrem Ziel/Wunsch zu schließen, oder welche konkreten Sorgen es Ihnen nehmen muss, damit Sie gut schlafen können, und finden Sie eines, dessen Preis Sie zu zahlen bereit sind und dessen Bedingungen Sie verstehen und akzeptieren: Schließen Sie es ab! In diesem Fall hat es eine echte Berechtigung, weil es ziel- und glücksfördernd für Sie ist. Bei allem, was weder eine direkte Verbindung zu Ihrem Leben noch einen sichtbaren Mehrwert für Sie hat: Finger weg!

Ihr Geld und Ihr Leben im Einklang: die Zusammenfassung!

Wenn Sie mögen, können Sie das Gelesene an dieser Stelle kurz Revue passieren lassen und sich danach ein paar Minuten Zeit nehmen, um zu überlegen, was Sie für Ihre wichtigsten Ziele und Wünsche ganz konkret tun können und wollen. Nutzen Sie hierfür gerne Ihre bereits notierten Ziele und Wünsche, um diese jetzt in einer Gesamtübersicht zusammenzufassen und eventuell zu verändern, zu erweitern und dann nach Wichtigkeit zu priorisieren.

Ihre notierten Ziele, Wünsche, Maßnahmen und favorisierten Finanzprodukte zu den jeweiligen Lebensthemen finden Sie hier:

- Gesund und fit sein und bleiben   Seite/n 137–151
- Eine glückliche Partnerschaft führen   Seite/n 151–162
- Ein harmonisches Familienleben haben   Seite/n 162–175
- Die Freizeit genießen   Seite/n 176–194
- In einem schönen Zuhause leben   Seite/n 194–208
- Beruflich erfüllt sein   Seite/n 209–220
- Gut leben im Alter   Seite/n 220–245

Meine Ziele, Wünsche und was ich dafür tun möchte

!	🎯	31
1		
2		
3		
4		
5		
6		
7		
8		
9		
10		

	🤸	🪙	📄
		€	
		€	
		€	
		€	
		€	
		€	
		€	
		€	
		€	
		€	

Das Beste kommt ...

Zum Schluss erzähle ich Ihnen noch eine kleine Geschichte, die anschaulich zeigt, warum es lohnt, sich auf den Weg zur wahren finanziellen Unabhängigkeit zu begeben. Es ist die Geschichte von Jürgen.

Jürgen ist ein großer Mann im besten Alter, Single und auf der Suche nach einer Frau. Ihm war Geld zwar nach eigener Aussage nie besonders wichtig, dafür hat er es jedoch gut und gerne gesammelt. Und Teile davon zum Beispiel für Kleidung ausgegeben, weil ihm seine Freunde geraten haben, dass er etwas aus sich machen müsse, wenn er eine nette Frau finden wolle: vor allem optisch. Und da der erste Eindruck zählt, kommt es worauf an? Auf die richtige Kleidung. Daher liebt Jürgen es auch, shoppen zu gehen.

An einem schönen Samstagmorgen verschlug es ihn wieder einmal in die Stadt. Beim Schlendern entdeckte er in einer Seitengasse zufällig einen Herrenausstatter, der gerade Neueröffnung feierte. »Weltneuheit: die ganzheitliche Kleidungsberatung! Nur bei uns!« Der große Aufsteller direkt am Eingang weckte sofort Jürgens Interesse. Mit neugierigem Blick betrat er den Laden und wurde an der Türschwelle von einem überschwänglichen Mann in Empfang genommen. Es entwickelte sich folgendes Gespräch:

Herrenausstatter: *Herzlich willkommen zu unserer weltweit einzigartigen ganzheitlichen Kleidungsberatung! Gemeinsam finden wir heraus, ob Sie kleidungstechnisch toll aufgestellt sind.*
Jürgen: *Wunderbar, klingt ganz toll.*
Herrenausstatter: *Und damit wir das auch wirklich total ganzheitlich machen können, haben wir unsere Exklusivberatung für gute Kunden in vier Stufen unterteilt: 1. Schuh-*

werk, 2. Unterbekleidung, 3. Oberbekleidung, 4. Outdoorbekleidung.

Jürgen: *Wow, klingt total professionell.*

Herrenausstatter: *Ich schaue Sie mir jetzt einmal genau an und gehe jede Stufe einzeln und individuell mit Ihnen durch, okay?*

Jürgen: *Klar, so richtig kundenorientiert.*

Herrenausstatter: *Beginnen wir bei Stufe 1, dem Schuhwerk. Also, haben Sie Schuhe?*

Jürgen: *Ja.*

Herrenausstatter: *Haben Sie Stiefel?*

Jürgen: *Ja.*

Herrenausstatter: *Haben Sie Hausschuhe?*

Jürgen: *Ja.*

Herrenausstatter: *Wunderbar, dann haben wir diesen Bereich erledigt, und ich darf sagen: Sie haben vieles richtig gemacht.*

Jürgen: *Total nett von Ihnen.*

Herrenausstatter: *Gehen wir direkt zur Stufe 2 über: der Unterbekleidung. Haben Sie Strümpfe?*

Jürgen: *Ja.*

Herrenausstatter: *Haben Sie Socken?*

Jürgen: *Ja.*

Herrenausstatter: *Haben Sie ein Unterhemd?*

Jürgen: *Ja.*

Herrenausstatter: *Haben Sie eine Unterhose?*

Jürgen: *Moment mal ... ja.*

Herrenausstatter: *Haben Sie ein T-Shirt?*

Jürgen: *Ja.*

Herrenausstatter: *Wunderbar, man sieht: Sie sind untenrum gut ausgestattet. Schauen wir doch gleich, ob das auch in Stufe 3 der Fall ist, im Bereich Oberbekleidung. Also, haben Sie eine Hose?*

Jürgen: *Ja.*

Herrenausstatter: *Haben Sie einen Pullover?*

Jürgen: *Ja.*
Herrenausstatter: *Haben Sie eine Weste?*
Jürgen: *Ja.*
Herrenausstatter: *Haben Sie ein Hemd?*
Jürgen: *Ja.*
Herrenausstatter: *Haben Sie einen Schlips?*
Jürgen: *Nein.*
Herrenausstatter: *Oh! Alles klar, wunderbar! Dann merke ich mir das mal schnell und komme gleich darauf zurück. Sie werden begeistert sein!*
Jürgen: *Wunderbar, ich bin schon ganz gespannt!*
Herrenausstatter: *Weiter geht's mit der letzten Stufe, Stufe 4, dem Bereich der Outdoorbekleidung. Also, haben Sie einen Hut?*
Jürgen: *Ja.*
Herrenausstatter: *Haben Sie eine Jacke?*
Jürgen: *Ja.*
Herrenausstatter: *Haben Sie einen Mantel?*
Jürgen: *Nein.*
Herrenausstatter: *Wirklich nicht?*
Jürgen: *Nein.*
Herrenausstatter: *Prima, na, da haben Sie aber so was von Glück, dass Sie heute bei mir gelandet sind. Aber ich will ja noch nicht zu viel verraten, lieber ... wie war noch gleich der Name?*
Jürgen: *Jürgen!*
Herrenausstatter: *Wunderbar! Also, Jochen, wir sind alle wichtigen Kleidungsstücke durchgegangen und haben gemeinsam herausgefunden, was Sie so alles haben und was Ihnen fehlt.*
Jürgen: *Mantel und Schlips.*
Herrenausstatter: *GANZ GENAU! Und, Sie werden es kaum glauben, aber nun raten Sie mal, was wir gerade aktuell im Supersonderangebot haben?*

Jürgen: *Mantel und Schlips?*
Herrenausstatter: *GANZ GENAU! Beides zusammen im Doppelpack bekommen Sie bei mir, nur weil Sie es sind, draußen gerade die Sonne scheint, für 20 Prozent günstiger. Ist das der Hammer!*
Jürgen: *Wow, das klingt ja total ...*
Autor: *Bitte sag's nicht, Jürgen!*

So weit Jürgens Ausflug zum Herrenausstatter. Wir halten fest:
1. Jürgen besitzt bereits viele Kleidungsstücke.
2. Jürgen fehlen zu seinem Glück nur Schlips und Mantel.

Ein Mantel kann absolut Sinn machen, wenn Jürgen seine Traumfrau zum Beispiel in der Übergangszeit kennenlernt und mit ihr spontan einen romantischen Abendspaziergang plant. Einen Schlips kann Jürgen dann gut gebrauchen, wenn er seine zukünftige Partnerin bei einer Tanzveranstaltung kennenlernt, auf einer Beerdigung oder wenn er mit ihr später zu einer Hochzeit eingeladen wird. Und selbst wenn er keine Frau finden sollte: Mantel und Schlips schaden ja nicht, sondern sind, laut fachkundiger Aussage des Herrenausstatters, auch ohne Frau an der Seite nutzbar. Fazit: Die individuelle ganzheitliche Kleidungsberatung war für Jürgen ein voller Erfolg. Insbesondere weil er sogar 20 Prozent Rabatt bekommen hat. Warum? Mantel und Schlips im Doppelpack. Genial, diese Kombinationsgeschäfte, was?

Bevor ich Ihnen verrate, wie diese Geschichte weitergeht, werde ich Ihnen Jürgen kurz vorstellen. Bitte sehr:

Und? Was denken Sie? Bringen ein Mantel und ein Schlips Jürgen kleidungstechnisch gesehen wirklich nach vorne? Wie hoch ist die Wahrscheinlichkeit, dass er so sein Ziel erreicht, eine passende Frau kennenzulernen (passend zu ihm, nicht zu seiner Kleidung)?

Mal ganz nüchtern von außen betrachtet, würden wir ihm ehrlicherweise doch Folgendes sagen:

1. Jürgen, das sieht scheiße aus!
2. Jürgen, das alles passt in sich überhaupt nicht zusammen.
3. Jürgen, das alles brauchst du vielleicht, aber niemals zur gleichen Zeit.
4. Jürgen, das alles passt überhaupt nicht zu dir.

Was können wir von Jürgen mitnehmen (außer seiner Kleidung)?

Was ich Ihnen bisher nicht verraten habe:

Jürgen, das sind Sie!

Nicht optisch oder vom Kleidungsstil her. Eher im übertragenen Sinne. Jürgen ist nämlich der durchschnittliche Finanzkunde, bei dem jedes Kleidungsstück sinnbildlich für ein Finanzprodukt steht. Ja, so viele Finanzprodukte nutzt ein »normaler« Finanzkunde. Lassen Sie Ihren Blick, solange Sie mögen, über Jürgens Körper schweifen, und verschaffen wir uns doch einmal einen kurzen Überblick über die einzelnen Finanzprodukte, siehe nächste Abbildung.

Es ist offensichtlich, dass Jürgen im Laufe seines Lebens viele Finanzprodukte gesammelt hat, die aber aus heutiger Sicht überhaupt nicht zueinander-, geschweige denn zu Jürgen passen.

Jürgen hat jedes dieser Finanzprodukte irgendwann von irgendwem zu irgendeinem Preis aus irgendeinem Grund gekauft – einzeln. Wobei: Manche Produkte hat auch Jürgens Mutter für ihn gekauft. Der Hut zum Beispiel war ein sensationelles Angebot, das auch ihre Freundin Gisela wärmstens empfohlen hat. Was für Gisela gut ist, kann für Jürgen nicht schlecht sein (außerdem gab's sogar 'nen Plüschteddy dazu: gratis!). Zack, gekauft!

Oder die schicke Goldkette: Die hat Jürgen selbst erworben, von einem »unabhängigen Finanzberater«, der ihm eine megachancenreiche und total sichere Geldanlage vorgestellt hat, die auch noch unglaubliche Steuervorteile bringt. Zack!

Die Hose war eine Empfehlung eines Freundes, der sich mit Finanzen total gut auskennt. Zack! Ah, und das T-Shirt, das Hemd oder die Weste ... alles total wichtige Versicherungen, die Jürgen sich selbst im Internet herausgesucht hat. Denn: Je mehr man versichert ist, desto besser ist man ja geschützt. Zack! Zack! Zack!

Manche seiner Finanzprodukte besaß Jürgen sogar schon als Zwanzigjähriger (er braucht sie zwar heute nicht mehr, aber wer hat, der hat). Irre, was Jürgen so alles durch sein Leben schleppt, oder? Und was das alles gekostet hat und teilweise sogar noch weiterhin monatlich kostet ... Kein Wunder, dass es unten an den Beinen ein wenig knapp wird. Egal: Dann muss man sich im Winter des Lebens eben warme Gedanken machen. Wird schon irgendwie werden ... hoffentlich, für Jürgen – und für Sie!

Wenn auch Sie, zumindest ein bisschen, wie Jürgen sind, dann könnten Sie sich abschließend zwei Fragen stellen:

1. **Passen Ihre Finanzprodukte zu Ihnen, zu Ihrem Leben und dem, was Sie vorhaben?**
   Räumen Sie Ihren Produktkleiderschrank am besten einmal auf. Nehmen Sie jedes Produkt einzeln vom Bügel (oder aus dem Ordner) und fragen Sie sich: Für welchen Anlass, welches Ziel, welchen Wunsch brauche ich das? Wobei unterstützt es mich ganz konkret? Und ist es mir das Geld wert, das ich hierfür aufwende? Alles, was keinen Verwendungszweck für Ihr Leben besitzt und für Sie keinen Nutzen ergibt, könnte entbehrlich sein.
2. **Geben Sie Ihr Geld so oft wie möglich zielführend aus?**
   Wenn Sie sich einmal in Ihrer Wohnung/Ihrem Haus umsehen: Was davon brauchen Sie wirklich für ein gutes Leben? Was schleppen Sie vielleicht seit Jahren nur mit durch, ohne es zu benötigen? Oder was verrät Ihnen ein Blick auf Ihre Kontoauszüge? Wenn Sie neben jede aufgeführte Ausgabe eine Prozentzahl schreiben, zu welchem Grad Ihnen diese bei Ihrem gewünschten Leben hilft, was würde wo stehen?

Das Bewusstsein und die Lust, unser heutiges Leben aufzuräumen und zukünftige Entscheidungen lebenszielorientierter zu treffen – genau darum geht es. Wenn Sie wollen, startet Ihr natürlicher Weg zur wahren finanziellen Unabhängigkeit dort, wo auch Jürgen beginnen könnte, um sein Ziel zu erreichen, mit folgenden Erkenntnissen:

- Geld macht uns abhängig und ist kein automatischer Glücksbringer (intensiver Kleidungskonsum allein hilft nicht bei der erfolgreichen Partnersuche).
- Blindes Befolgen anderer Meinungen und der Empfehlungen von Experten (Herrenausstatter) bestimmt uns fremd und führt uns nur weg von uns selbst.
- Viele Finanzprodukte helfen nicht viel. Sie belasten, kosten Zeit, manchmal Nerven und immer: unser Geld.

Zum Gewinn werden solche Erkenntnisse aber erst, wenn wir Taten folgen lassen. Für Jürgen hieße das »Weg mit den alten Klamotten«, her mit Fragen wie: Was für Kleidung brauche ich überhaupt für meine Arbeit (Blaumann oder Anzug), was mache ich in meiner Freizeit (Motorradkleidung oder Golfausrüstung), was trage ich gerne privat zu Hause (Jogginghose oder Kuschelpullover), und was für ein (Farb-)Typ bin ich eigentlich (Frühling, Sommer, Herbst oder Winter)? Wenn Jürgen wüsste, wie er lebt oder leben möchte, könnte er relativ leicht die zu ihm passende Kleidung finden. Was Jürgen kann, können wir auch.

Für uns hieße die Aufgabe: »Weg mit unserem bisherigen Geld- und Finanzproduktglauben« und her mit Fragen wie:

Wenn ich mein Leben noch vor mir hätte, wie sollte es mit meinem heutigen Wissen idealerweise verlaufen? Auf welche drei neuen Errungenschaften meines Lebens würde ich in zehn Jahren gern stolz zurückblicken?

Wenn ich später mein gesamtes Leben resümiere: Was müsste eingetreten sein, damit ich es für mich als erfolgreich, sinnvoll und/oder glücklich einstufen würde?

Was, würde ich mir wünschen, sollten meine (Enkel-)Kinder, Familienmitglieder oder Freunde antworten auf die folgenden Fragen: Wofür habe ich im Leben gestanden? Woran habe ich geglaubt?

Erst wenn wir wissen, was wir wirklich brauchen für unser Glück, können wir uns auf den Weg dorthin machen. Zuerst, indem wir selbst aktiv werden, dann mit zielführend eingesetztem Geld und danach, wenn nötig, mit Finanzprodukten, für die wir uns bewusst entscheiden, weil sie einen klaren Nutzen für uns haben.

Unsere persönliche Finanzrevolution startet, wenn wir bewusst mit Blick auf unser Leben entscheiden – und handeln.

Auf Ihrem Lebensweg wünsche ich Ihnen alles Liebe und hoffe, dass Sie etwas aus diesem Buch mitnehmen konnten – am besten in Ihr Leben!

Ihr Lebensbanker André Schulz

Mein Ende.

Ihr Anfang?

Falls Sie sich zukünftig finanziell beraten lassen, habe ich einen Tipp: *Lassen Sie sich von Ihrem Berater/Ihrer Beraterin schriftlich bestätigen, was Sie sich von seiner/ihrer Beratung erwarten, und sichern Sie sich auf diese Weise selbst ab!*
  Zu diesem Zweck habe ich als Unterstützung für Sie die **»Ehrenerklärung für Finanzberater/-innen«** entwickelt. Sollte Ihr Berater/Ihre Beraterin diese nicht unterschreiben, fragen Sie bitte, welche der aufgeführten Punkte ihn/sie an einer Unterschrift hindern. Im Zweifel kann dieser Punkt gestrichen und nur der Rest der Erklärung unterschrieben werden, wenn dies für Sie nach entsprechender Begründung in Ordnung ist.
  Egal, wie das Gespräch mit der Bitte um Unterschrift ausgeht, der Einsatz der Ehrenerklärung lohnt sich für Sie auf jeden Fall. Entweder unterschreibt Ihr Berater/Ihre Beraterin und verpflichtet sich damit, Sie fair, ehrlich und nur entsprechend Ihren Bedürfnissen zu beraten. Oder er/sie unterschreibt nicht, und Sie können entscheiden, ob Sie diesem Berater/dieser Beraterin überhaupt vertrauen wollen.

Übrigens: Diese Ehrenerklärung können Sie auf meiner Website (www.lebensbanker.de/download) ebenso kostenfrei herunterladen beziehungsweise ausdrucken wie einen einfachen Finanzprodukt-Check, mit dem Sie schnell herausfinden, welche Produkte Sie für Ihr Leben brauchen und welche Sie sich sparen können.

Ehrenerklärung für Finanzberater/-innen

Lieber Finanzberater, liebe Finanzberaterin,

aus den Erfahrungen der letzten Jahre sind viele Kunden verunsichert und fragen sich, ob sie ihrem Finanzinstitut und ihrem Berater/ihrer Beraterin vertrauen können. Geben Sie daher Ihrem Kunden/Ihrer Kundin die Sicherheit, Ihnen vertrauen zu können, und unterschreiben Sie die nachfolgende Ehrenerklärung. Ihr Kunde wird es Ihnen danken.

1. Ich übe meinen Beruf ehrlich, unbestechlich und gewissenhaft aus und gebe Ihnen Empfehlungen, wie ich sie auch meinen Freunden geben würde.

2. Ich gebe Ihnen Empfehlungen, die sich nicht an den Zielen meines Arbeitgebers orientieren, sondern ausschließlich an Ihrem finanziellen Wohl.

3. Ich informiere Sie über die genauen Kosten und Risiken der empfohlenen Finanzprodukte und über Provisionen, die mein Arbeitgeber und ich persönlich für den Verkauf erhalten.

4. Ich behandle Sie und alle anderen Kunden mit der gleichen Wertschätzung und unterscheide nicht zwischen Kunden, die viel oder wenig Geld haben.

5. Ich empfehle Ihnen nur einfache Finanzprodukte und erkläre sie in einer Sprache, die auch ein Nicht-Fachmann verstehen kann.

6. Ich spekuliere nicht mit Ihrem Geld und empfehle Ihnen auch keine Geldgeschäfte, die einer Wette ähneln. Inflationsschutz, Kapitalerhalt und Transparenz sind für mich wichtige Werte bei der Geldanlage.

7. Ich beachte die Steuergesetze nach Inhalt und Absicht und suche bei meinen Empfehlungen nicht nach Lücken, die dem staatlichen Gemeinwohl schaden.

8. Ich verkaufe Ihnen nicht einfach einzelne Finanzprodukte, sondern betreue Sie ganzheitlich, indem ich bei jeder Empfehlung alle Ihre Lebensumstände berücksichtige.

9. Ich gebe Ihnen einfache Finanztipps zum Umgang mit Geld und helfe Ihnen, dass Sie mit Ihrem Geld auskommen und sich nicht überschulden.

10. Ich gebe Ihnen immer einen individuellen finanziellen Rat, der sich auf Ihre Lebensziele bezieht, und orientiere mich nicht an Musterkunden, weil Finanzprodukte nur einen Sinn haben: Sie beim Erreichen Ihrer Ziele und Wünsche zu unterstützen.

Die genannten Grundsätze der Ehrenerklärung werde ich beachten und anwenden.

_____   _____   _____
Ort, Datum   Finanzinstitut, Berater/-in   Unterschrift

Lebensbanker®   www.lebensbanker.de

Danke ...

Viele Menschen sind an der Entstehung eines Buches beteiligt. Einigen möchte ich an dieser Stelle von Herzen danken. Ohne ihre konstruktiven Ideen, kritischen Kommentare und/oder motivierenden Worte könnten Sie, lieber Leser, liebe Leserin, dieses Buch in seiner, so hoffe ich, mehrwertigen Form heute nicht in Händen halten.

Danke, Eckehard.
Ohne dich gäbe es dieses Buch gar nicht. Unsere jahrelange Freundschaft und geschäftliche Partnerschaft samt unzähliger gemeinsamer Finanzerfahrungen und Gesprächsstunden haben jede Seite erst mit Leben gefüllt. Das ist nicht mein Buch. Das ist unser Buch!

Danke, Franky.
Seit etlichen Jahren diskutieren wir immer wieder kritisch über Geld und Finanzthemen und versuchen, dem Alt- und medial Bekannten neue Aspekte abzugewinnen. Manche davon haben es sogar bis ins Buch geschafft – irre, oder?

Danke, Jürgen.
Dein wacher (Lebens-)Geist und deine jahrzehntelangen (Finanz-)Erfahrungen haben mich immer wieder aufs Neue herausgefordert und dieses Buch (sowie mich persönlich) extrem bereichert.

Danke, Uwe.
Es gibt wenige Menschen aus der Finanzbranche, die so visionär denken und entsprechend handeln können wie Sie. Umso mehr weiß ich Ihre vielen motivierenden Impulse und Ihre ansteckende Begeisterung zu schätzen.

Danke, Claus.
Ich bin fasziniert, wie offen du meinen teils revolutionären Ideen gegenüberstehst, und ich bin begeistert, dass du sogar einige davon aktiv in eurem Finanzinstitut umsetzen willst.

Danke, Jana und René.
In manchen Schreibphasen sind es nicht die kritischen Anregungen, die einem Autor am meisten weiterhelfen, sondern die fachliche wie menschliche Bestätigung, genau das Richtige zu tun.

Danke, Oma Ingi, Opa Didi, Oma Siggi und Opa Ebi.
Euer Lob und eure bereichernden Sichtweisen aus einer ganz anderen Generation haben mir sehr dabei geholfen, das Buch um Anregungen für Menschen jedweden Alters zu bereichern.

Danke dem Ariston-Team.
Erst Ihr Glaube an mich, Ihre Begeisterung für »mein« Thema und die vielen Stunden intensiver gemeinsamer (Glücks-)Arbeit haben dieses besondere Buch entstehen lassen, dessen Essenz und »Finanz-Bums« uns alle mit Stolz erfüllen kann.

Danke, Henning Thies.
Sie waren stets meine wertvolle Leitplanke, mein Navigations- und Frühwarnsystem. Mein »harter Hund mit großem Herz«. Mein unverzichtbarer Wegbegleiter. Einen besseren Lektor hätte ich mir nicht wünschen können.

Danke, Ninne.
Viele Abende musstest du auf mich verzichten, weil mich dieses Buch einfach nicht loslassen wollte. Deine Liebe für mich und dein Glaube an meine »Mission« machen mich sehr dankbar und glücklich.

Danke, Paul, Matti und Ida.
Ihr seid drei wundervolle Kinder, wie sie wundervoller nicht sein könnten. Wenn ihr dieses Buch irgendwann einmal lest, dann hoffentlich mit Stolz, weil ihr wisst: »Daran glaubt und dafür steht unser Papa!«

Sie haben Fragen, Wünsche, Lob, Kritik ...?!
Schreiben Sie mir! Sofern möglich, helfe ich Ihnen weiter auf Ihrem Weg, finanziell wirklich unabhängig(er) zu werden.

E-Mail: der@lebensbanker.de
Internet: www.lebensbanker.de

Übrigens: Viele weitere hilfreiche Inspirationen zu den Themen Glück und Geld finden Sie auch auf meinem YouTube-Kanal. Suchen Sie auf YouTube unter dem Stichwort »Lebensbanker«.

ZWEI PASSENDE BEGLEITBÜCHER ZUR „GELDLÜGE"!

WIE WILL ICH WANN LEBEN?

Der *Lebenskatalog*® ist ein einzigartiger Bildband mit 365 emotionalen Bildern und Inspirationen für neue Ziele und Wünsche im Leben.

ISBN: 978-3000377013

WAS ZÄHLT WIRKLICH IN MEINEM LEBEN?

Das liebevoll gestaltete Ausfüllbuch **Finde dein Glück** bietet mehr als 440 kreative Fragen, um dem eigenen Glück auf die Spur zu kommen.

ISBN: 978-3453200838

LEBEN SIE LOS!

www.lebensbanker.de